从土地财政到数据财政

九次方大数据研究院
贵阳大数据交易所　编著

北京

国家行政学院出版社

图书在版编目（CIP）数据

从土地财政到数据财政/九次方大数据研究院，贵阳大数据交易所编著
.—北京：国家行政学院出版社，2019.5
ISBN 978-7-5150-2360-1

Ⅰ.①从…　Ⅱ.①九…②贵…　Ⅲ.①土地制度-财政制度-财政管理-
数据采集-研究-中国　Ⅳ.①F321.1-39

中国版本图书馆 CIP 数据核字（2019）第 090139 号

书　名	**从土地财政到数据财政**	
	CONG TUDI CAIZHENG DAO SHUJU CAIZHENG	
作　者	九次方大数据研究院　贵阳大数据交易所	
责任编辑	刘韫劼	
出版发行	国家行政学院出版社	
	（北京市海淀区长春桥路 6 号　100089）	
	（010）68920640　68929037	
编 辑 部	（010）68928887	
经　销	新华书店	
印　刷	北京虎彩文化传播有限公司	
版　次	2019 年 5 月北京第 1 版	
印　次	2019 年 5 月北京第 1 次印刷	
开　本	170 毫米×240 毫米　16 开	
印　张	15.75	
字　数	191 千字	
书　号	ISBN 978-7-5150-2360-1	
定　价	99.00 元	

本书如有印装质量问题，可随时调换。联系电话：（010）68929022

编委会

前言
中国数字化发展的历史性跨越

当前，以云计算、大数据、物联网、人工智能和区块链等为代表的信息技术发展日新月异，随着这些技术向社会经济全领域的融合渗透，推动着数字化的浪潮席卷全球。人类社会正在经历由 IT（Information Technology，信息技术）时代进入 DT（Data Technology，数据技术）时代的重要历史进程。从本质上看，IT 时代是以信息技术优化自我控制、自我管理为主导，而 DT 时代则是以数据资源和技术服务大众、激发生产力为核心。

在全球数字化进程不断推进的同时，中国经济也正在实现着新旧动能的转变，中国的数字化发展正在逐步成为改写和引领全球数字化格局的重要力量。

从世纪之交到今天的 20 年间，中国的数字化发展从起步逐渐走向成熟。时至今日，中国网民规模达到 8.29 亿，其中，手机用户比例高达 98.6%①，中国拥有着全球最大的电子商务市场，移动支付交易额是美国的 11 倍，且拥有全球 1/3 的独角兽企业②，数字经济规模达到 31.3 万亿元，占国民生产总值的 1/3③。在取得这些令

① 数据来源于 2019 年中国互联网网络信息中心（CNNIC）发布的第 43 次《中国互联网络发展状况统计报告》。
② 数据来源于麦肯锡全球研究院发布的《中国数字经济如何引领全球新趋势》。
③ 见国家网信办发布的《数字中国建设发展报告（2018 年）》。

人瞩目的成就的同时，中国的数字化发展也正在经历和实现着三个历史性的跨越和发展进程。

从"数字福建"到"数字中国"

早在 2000 年，时任福建省省长的习近平亲手拉开了"数字福建"建设的序幕。在计算机、网络尚未广泛普及的当时，他便已敏锐地洞察到信息化建设的重要意义，极具前瞻性和创造性地提出了建设数字福建的战略构想，并提出了"数字化、网络化、可视化、智慧化"的数字福建建设目标，开创了省域数字化建设的先河。

经过多年来的发展，数字福建建设取得了显著成效。目前，福建省在电子证照、无线政务专网、电子政务综合试点、政务信息开放、政务信息系统整合共享应用、健康医疗大数据等六大领域作为全国试点省份取得了突破性的发展，特别是在电子政务建设方面处于全国领先地位。

福建省构建的政务云数据中心和省市两级政务数据汇聚共享体系，整合各部门数据资源，形成统一的政务数据环境。基于融合共享的政务数据基础，开通了"闽政通"手机应用APP，可以通过软件客户端在线一键办理社会保险、出境入境、司法公证和纳税缴费等21类业务事项；建成并运行我国首个省级生态云平台，整合对接了环保部、省环保厅内部及相关厅局共40多个信息化系统，实现与22个省直相关单位数据共享；金融产品撮合平台"征金在线"汇集了全省政府内网数据，实时更新工商总局、环保、税务、人社等与征信业务密切相关的数据，提高金融机构风险预警监测能力。而"e福州"APP、12345便民服务平台、市民信用支付体系、电子身份证、虚拟市民卡等数字化公共服务先后投入运营，在推进普惠化的数字民生服务同时，也在意识形态层面极大地提高了全省各界民众对福建省数字化建设的了解和认知。

在近期举办的第二届数字中国建设峰会上，国家网信办发布的研究报告中显示，福建省信息化发展水平在全国 31 个省级行政单位（未统计香港、澳门特别行政区和台湾省）中排名第六，公共服务信息化水平位居全国第四。

习近平同志担任中共中央委员会总书记以来，在秉承数字福建内在逻辑的基础上，又进一步擘画出数字中国的发展蓝图。2015 年 12 月，他在第二届世界互联网大会开幕式上发表主旨演讲，提出中国正在实施网络强国战略、国家大数据战略和"互联网＋"行动计划，推进数字中国建设，发展分享经济，支持基于互联网的各类创新，提高发展质量和效益。数字福建的推出成为数字中国建设的探索源头和实践起点，是具有福建特色的省域信息化的探索与实践。建设数字福建，既是历史性的决策，也是历史性的贡献，为数字中国积累了丰富鲜活的经验。从"数字福建"到"数字中国"这一跨越，所带来的战略性高度的提升和视野的扩展将为国家民族的复兴带来光明的前景。

从"数字中国"到"数据治国"

党的十九大报告提出建设数字中国，明确指出要推动互联网、大数据、人工智能和实体经济深度融合，有力支撑网络强国、数字中国、智慧社会建设。习近平总书记高度重视数字中国建设，他强调："加快数字中国建设，就是要适应我国发展新的历史方位，全面贯彻新发展理念，以信息化培育新动能，用新动能推动新发展，以新发展创造新辉煌。"

在数字中国建设的背景下，我国经济社会正进行着深层次变革。一方面，数字经济带动传统产业转型升级，各行各业都在通过数字化去构建更敏捷的生产、经营、管理体系；另一方面，数字化进程孕育了更多新的产业和企业，推动中国经济向数字经济发展。以数字经济发展引领实体经济的创新，也成为贯彻落实创新驱动发展战略，推动"大众创业，万众创新"纵深发展的窗口。

数字中国建设是一个时代的变革与机遇，它需要实现核心技术的突破，让数字创新深入各行各业。在此过程中，九次方大数据始终坚定地站在技术与应用的最前沿，率先推动数据资产运营及数据财政从概念走向实践，持续助力中国政企、金融、农业、旅游、安监等诸多行业的数字化转型和未来发展，正迅速成为数字中国建设中新一轮的引领者和赋能者。在波澜壮阔而又复杂多变的时代语境中，以习近平同志为核心的党中央准确把握时代大势，把实施网络强国、加快建设数字中国当成举国发展的重大战略，意义巨大，影响深远。

数字中国的建设，立足于"四化"同步发展，以网络强国建设为基石，以数字经济建设为引擎，以"互联网＋"发展为抓手，以智慧社会发展为亮点，是新时代国家信息化的升级版。数字中国建设在推动信息基础设施不断完善，数字经济快速发展的同时，促进了社会数据资源的累积，为大数据技术的进一步深化发展提供良好的环境和坚实的基础。

数据治国，即大数据在治国理政领域的融合应用。政府通过大数据应用，不仅获得治理交通拥堵、雾霾、看病难、食品安全问题等"城市病"的有效手段，更为政府打开了解社情民意的政策窗口。围绕数据进行社会治理，使政府治理与决策更加精细化、科学化。大数据协助政府与民众的沟通建立在科学的数据分析之上，优化公共服务流程，简化公共服务步骤，提升公共服务质量。依托大数据，数字政府可以通过大数据的深度挖掘和关联数据分析，实现智慧的服务，促进公共服务能力与水平的全面提升。数据治国的全面实施显著提高了国家打造平台的政府、服务导向的政府、开放的政府的能力，为最终实现智慧政府、智能决策提供了有效途径。

从"数据治国"到"人民对美好生活的向往"

党的十九大开幕式上，习近平总书记作出全新判断：进入中国特色社会主义新时代，我国社会主要矛盾已经转化为"人民日益增长的美好生活需要和不平衡不充分的发展之间的矛盾"。从"物质文化需要"到"美好生活需要"，从"落后的社会生产"到"不平衡不充分的发展"，关注的光圈变大了，问题的对焦却更精准。这一关系全局的历史性变化，是对中国发展历史性成就和变革的深刻总结，也是对40年来改革发展成果的历史回应，是治国理念的重大革新，更是对未来中国发展方向、发展目标的精准定位。

2001年11月，时任福建省省长的习近平在主持召开数字福建建设领导小组第二次成员会议时指出，要让数字福建贴近社会、贴近群众、贴近生活，为人民群众提供高水平、高质量的信息服务，让人民群众分享数字福建建设成果。他还要求，加大政务信息化建设力度，提高政府部门服务质量。2017年12

月，习近平总书记在主持十九届中共中央政治局第二次集体学习时再次强调，推动实施国家大数据战略，加快完善数字基础设施，推进数据资源整合和开放共享，保障数据安全，加快建设数字中国，更好服务我国经济社会发展和人民生活改善。相隔16年，不同的场合，不同的议题，同样的主旨。无论是决策数字福建，部署数字中国，还是实施数据治国，发展和推进数字化进程始终一以贯之的最根本目的和中心思想就是服务和维护广大人民群众的切实利益。数字中国立足于"造福社会、造福人民"，就必然需要牢牢把握当前社会发展的核心议题——人民对美好生活的向往。

正如数字经济给我们带来了实质性的便利，网约车的诞生方便了我们的出行，网络购物丰富了我们的生活。数字中国承载的不仅仅是简单的0和1二进制代码，而是亿万人民对于信息时代美好生活的憧憬；数据治国担负的不仅仅是缩小数字鸿沟的历史使命，更是建设智慧强国的时代任务。推动实施国家大数据战略，加快建设数字中国，无不是为了更好服务于国家经济社会发展和人民生活改善，提升百姓的获得感。

中国的数字化进程不仅体现在政府的数字化管理、民生的数字化服务和经济的数字化发展，同样对社会经济体系结构转变产生深远的影响。全社会领域广泛的信息化、数字化融合发展，使得数据成为企业、社会和国家重要的战略资源，大数据成为推进社会生产力发展和关键性技术。以此变革为背景，现行的政府财政体系也必然需要作出相应的改变，依托数字化发展进程，充分发挥数字经济发展的红利，推进新型数据财政体系的构建，是未来中国政府财政体系发展的必然趋势。本书从国家大数据战略和趋势分析出发，提出数据财政的概念并进行探讨，重心落在数据资产运营和数据财政实现路径等方面。希望本书能成为各级领导干部推动国家大数据战略实施落地的决策参考，为地方政府在以数据为核心的财政体系构建工作提供思路和借鉴，为推动中国数字经济发展贡献力量。

目 录
Contents

第一章　大数据已上升为国家战略

当前，以大数据、人工智能、云计算等为代表的新经济茁壮成长，引领人类社会由工业经济时代进入数字经济时代，大数据已上升为全新的国家战略。世界各国都把推进经济数字化作为实现创新发展的重要动能，在前沿技术研发、数据开放共享、隐私安全保护、人才培养等方面作了前瞻性布局。

大数据是信息化发展的新阶段。随着信息技术和人类生产生活交汇融合，互联网快速普及，全球数据呈现爆发增长、海量集聚的特点，对经济发展、国家和社会治理、人民生活都产生了重大影响。

自我国将发展大数据上升为国家战略以来，从高层声音到基层实践，从部委政策到各地举措，大数据在政策、技术、产业、应用等多个层面都取得了显著进展。在政策层面，大数据的重要性得到进一步巩固；在技术层面，以分析类技术、事务处理技术和流通类技术为代表的大数据技术得到了快速的发展；在产业层面，我国大数据产业继续保持高速发展；在应用层面，大数据在各行业的融合应用继续深化；在利用大数据提升政府治理能力方面，各地纷纷将大数据作为提升政府治理能力的重要手段，通过高效采集、有效整合、深化应用政府数据和社会数据，提升政府决策和风险防范水平，提高社会治理的精准性和有效性；在地方大数据发展实践方面，我国大数据产业目前仍处于蓬勃发展阶段，各地更加注重结合当地发展特色和优势进行大数据产业发展，区域协调的发展局面正在形成。在大数据的发展过程中，无论是政府还是企业，近年来都越发关注数据治理和数据资产管理的重要性。"九次方大数据"微信公众号 2018 年年末推出《国家部委 60 位部长集体喊话发展大数据》《全国 31 位省委书记集体喊话发展大数据》《全国 31 位省会城市市长畅谈大数据产业发展》《已有 8 省份设立大数据局，发展大数据战略势不可挡》等系列文章，全景展示大数据产业在顶层设计层面已成为普遍共识，引发舆论和产业强烈关注。

一、大数据的"前世"与"今生"

（一）大数据的概念

大数据，是指无法在一定时间范围内用常规软件工具进行捕捉、管理和处理的数据集合，是需要新处理模式才能具有更强的决策力、洞察发现力和流程优化能力的海量、高增长率和多样化的信息资产。

（二）大数据的特点

大数据通常具有 4V 的特点：海量（volume）、快速（velocity）、多样（variety）和价值（value）。

海量（volume），即采集、存储和计算的量都非常大。大数据的起始计量单位至少是 P（1 024 个 T）、E（1 024 万个 P）或 Z（1 024 亿个 E）。

快速（velocity），即要求处理速度快。从各种类型的数据中快速获得高价值的信息，这一点也是和传统的数据挖掘技术有着本质的不同。

多样（variety），即数据的类型繁多。不仅包括传统的结构化数据，还包括图片、声音、视频等非结构化数据，而且非结构化数据还会不断出现新的格式。

价值（value），即价值密度低。由于数据产生量巨大且速度非常快，必然形成各种有效数据和无效数据错杂的状态，因此数据价值的密度大大降低。以视频为例，连续不间断监控过程中，可能有用的数据仅仅有一两秒。但是，众所周知，大数据的合理利用会给使用者带来很高的价值回报，所以，如何结合业务逻辑并通过强大的机器算法来挖掘数据价值，是大数据时代最需要解决的问题。

（三）大数据的发展历程

1. 国际方面

1999 年 8 月，史蒂夫·布赖森、大卫·肯怀特、迈克尔·考克斯、大卫·埃尔斯沃思以及罗伯特·海门斯在《美国计算机协会通讯》上发表了《千兆字节数据集的实时性可视化探索》一文。这是《美国计算机协会通讯》上第一篇使用"大数据"这一术语的文章。

2001 年，美国一家在信息技术研究领域具有权威地位的咨询公司 Gartner 首次开发了大数据模型。2001 年 2 月，梅塔集团分析师道格·莱尼发布了一份研究报告——《3D 数据管理：控制数据容量、处理速度及数据种类》。10 年后，3V 作为定义大数据的三个维度而被广泛接受。2005 年 Hadoop 项目诞生。Hadoop 是由多个软件产品组成的一个生态系统，这些软件产品共同实现全面功能和灵活的大数据分析。2007 年，著名图灵奖获得者吉姆·格雷（Jim Gray）在一次演讲中提出，"数据密集型科学发现"（Data-Intensive Scientific Discovery）将成为科学研究的第四范式。2008 年年末，"大数据"得到部分美国知名计算机科学研究人员的认可，业界组织计算社区联盟（Computing Community Consortium），发表了一份有影响力的白皮书——《大数据计算：在商务、科学和社会领域创建革命性突破》。它使人们的思维不再仅仅局限于数据处理的机器，此组织可以说是最早提出大数据概念的机构。2008 年，在 Google 成立 10 周年之际，著名的《自然》杂志出版了一期专刊，专门讨论未来的大数据处理相关的一系列技术问题和挑战，其中就提出了 "big data" 的概念。

大约从 2009 年开始，"大数据"逐渐成为互联网信息技术行业的流行词汇。2009 年，印度政府建立了用于身份识别管理的生物识别数据库，联合国全球脉冲项目已研究了对如何利用手机和社交网站的数据源来分析预测从螺旋价格到疾病爆发之类的问题。2009 年中，美国政府通过启动 data.gov 网站的方式进一步开放了数据的大门，这个网站向公众提供各种各样的政府数据，这一行动激发了从肯尼亚到英国范围内的各国政府相继推出类似举措。

2010 年 2 月，肯尼斯·库克尔在《经济学人》上发表了长达 14 页的大数据专题报告——《数据，无所不在的数据》。他在报告中提到："世界上有着无法想象的巨量数字信息，并以极快的速度增长。科学家和计算机工程师已经为这个现象创造了一个新词汇：
'大数据'。"库克尔也因此成为最早洞见大数据时代趋势的数据科
学家之一。2010年12月，美国总统办公室下属的科学技术顾问委
员会（PCAST）和信息技术顾问委员会（PITAC）向奥巴马和国
会提交了一份《规划数字化未来》的战略报告，把大数据收集和
使用的工作提升到体现国家意志的战略高度。

2011年2月，IBM的沃森超级计算机每秒可扫描并分析4TB
（约2亿页文字量）的数据量，并在美国著名智力竞赛电视节目
"Jeopardy"（危险边缘）上击败两名人类选手而夺冠。后来《纽
约时报》认为这一刻为一个"大数据计算的胜利"。2011年5月，
全球知名咨询公司麦肯锡的全球研究院（MGI）发布了一份报
告——《大数据：创新、竞争和生产力的下一个新领域》，这项
研究估计2010年所有的公司存储了7.4EB新数据，消费者存储
了6.8EB新数据。大数据开始备受关注，这也是专业机构第一
次全方面地介绍和展望大数据。2012年1月，瑞士达沃斯召开
的世界经济论坛上，大数据是主题之一，会上发布的报告《大数
据，大影响》（Big Data，Big Impact）宣称，数据已经成为一种
新的经济资产类别。

2012年，在美国总统选举中，那些精于数字计算的数据挖掘
团队把传统的投票放在一边不用，而是利用大数据来规划这次选
举将如何进行。例如，利用房产记录、选举记录甚至是期刊的订
阅注册等来预测人们对候选人的看法，这些看法是否能被改变，
以及为此要采取怎样的措施等。2012年3月，美国奥巴马政府在
白宫网站上发布了《大数据研究和发展倡议》，这一倡议标志着大
数据已经成为重要的时代特征。2012年3月22日，奥巴马政府宣
布2亿美元投资大数据领域，这是大数据技术从商业行为上升到

国家科技战略的分水岭，在次日的电话会议中，政府对数据的定义为"未来的新石油"，大数据技术领域的竞争事关国家安全和未来。2012年4月19日，美国软件公司Splunk在纳斯达克成功上市，成为第一家上市的大数据处理公司。Splunk成功上市促进了资本市场对大数据的关注，同时也促使IT厂商加快大数据布局。2012年7月，联合国在纽约发布了一本关于大数据政务的白皮书《大数据促发展：挑战与机遇》，全球大数据的研究和发展进入了前所未有的高潮。这本白皮书总结了各国政府如何利用大数据响应社会需求，指导经济运行，更好地为人民服务，并建议成员国建立"脉搏实验室"（Pulse Labs），挖掘大数据的潜在价值。

2014年4月，世界经济论坛以"大数据的回报与风险"为主题发布了《全球信息技术报告（第13版）》。报告认为，在未来几年中，针对各种信息通信技术的政策将会显得更加重要，接下来将对数据保密和网络管制等议题展开积极讨论。2014年5月，美国白宫发布了2014年全球"大数据"白皮书的研究报告《大数据：抓住机遇、守护价值》。报告鼓励使用数据以推动社会进步，同时也提出需要相应的框架、结构与研究，来帮助保护美国人对于保护个人隐私、确保公平以及防止歧视的坚定信仰。

2. 国内方面

大数据是一个具有国家战略意义的新兴产业，是推动经济与社会发展的重要战略资源，正受到中国政府的高度关注。近年来，中国政府正逐步将大数据布局发展纳入国家顶层设计。《"十二五"国家战略性新兴产业发展规划》提出支持海量数据存储、处理技术的研发与产业化；《物联网"十二五"发展规划》中，也将信息处理技术列为四项关键技术创新工程之一，其中包括海量数据存储、数据挖掘、图像视频智能分析，另外三项关键技术创新工程，包括信息感知技术、信息传输技术和信息安全技术，这些都是大数据产业的重要组成部分，与大数据产业发展密切相关。

2012 年 7 月，为挖掘大数据的价值，阿里巴巴集团在管理层设立"首席数据官"一职，负责全面推进"数据分享平台"战略，并推出大型的数据分享平台——"聚石塔"，为天猫、淘宝平台上的电商及电商服务商等提供数据云服务。随后，阿里巴巴集团董事局主席马云在 2012 年网商大会上发表演讲称，阿里巴巴集团将从 2013 年 1 月 1 日起转型重塑平台、金融和数据三大业务。马云强调："假如我们有一个数据预报台，就像为企业装上了一个 GPS 和雷达，你们出海将会更有把握。"因此，阿里巴巴集团希望通过分享和挖掘海量数据为国家和中小企业提供价值。此举是国内企业最早把大数据提升到企业管理层高度的一次重要里程碑。阿里巴巴集团也是最早提出进行企业数据化运营的企业。

为了推动我国大数据技术的研究发展，2012 年，中国计算机学会（CCF）发起了 CCF 大数据专家委员会，该专家委员会还特别成立了一个"大数据技术发展战略报告"撰写组，并撰写发布了《中国大数据技术与产业发展白皮书（2013 年）》。2013 年 4 月 14 日和 21 日，央视著名《对话》节目邀请了《大数据时代——生活、工作与思维的大变革》作者维克托·迈尔-舍恩伯格，以及美国大数据存储技术公司 LSI 总裁阿比分别做客《对话》节目，播出了两期大数据专题谈话节目《谁在引爆大数据》《谁在掘金大数据》，央视媒体对大数据的关注和宣传体现了大数据技术已经成为国家和社会普遍关注的焦点。

国内学术界和工业界也都迅速行动，广泛开展大数据技术的研究和开发。自 2013 年以来，国家自然科学基金、"973"计划（国家重点基础研究发展计划）、核高基（核心电子器件、高端通用芯片及基础软件产品）、"863"计划（国家高技术研究发展计划）等重大研究计划都已经把大数据研究列为重大的研究课题。清华信息学院、国家实验室也成立了数据科学院，并于2014年12月22日举办了"大数据论坛——数据科学与技术"，对大数据发展战略和各大数据专项进行了探讨。

2014年12月31日，中国首家，也是世界首家大数据交易所——贵阳大数据交易所成立，2015年4月14日正式挂牌运营。以贵阳大数据交易所为标志，国内大数据交易、应用及整个大数据行业进入了全面、深入、快速发展阶段。

随着大数据战略价值的凸显，中国政府开始加大对大数据的支持力度，于2015年密集出台相关政策，统筹布局大数据产业发展。2015年6月17日，李克强总理在国务院常务会议上再次强调大数据运用的重要性；2015年7月1日，国务院办公厅印发了《关于运用大数据加强对市场主体服务和监管的若干意见》；2015年8月19日，国务院常务会议审核通过了《关于促进大数据发展的行动纲要》。2015年8月31日，国务院正式印发《促进大数据发展行动纲要》（以下简称《行动纲要》），明确指出大数据正在成为推动经济转型发展的新动力，也正在成为重塑国家竞争优势的新机遇，大数据产业正在成为新的经济增长点，将对未来信息产业格局产生重要影响。

根据《行动纲要》的目标，大数据发展和应用将在未来5～10年开启"大众创业，万众创新"的创新驱动新格局，激发"大众创业，万众创新"活力。培育高端智能、新兴繁荣的产业发展新生态，推动大数据与云计算、物联网、移动互联网等新一代信息技术融合发展，探索大数据与传统产业协同发展的新业态、新模式，促进传统产业转型升级和新兴产业发展，培育新的经济增长点。同时，《行动纲要》部署了三个方面主要任务：一要加快政府数据开放共享，推动资源整合，提升治理能力；二要推动产业创新发展，培育新兴业态，助力经济转型；三要强化安全保障，提高管理水平，促进健康发展。

2015 年 10 月，党的十八届五中全会首次提出实施国家大数据战略，推进数据资源开放共享。党的十八届五中全会公报强调，将实施"网络强国战略"和"国家大数据战略"。这是继《关于积极推进"互联网+"行动的指导意见》和《促进大数据发展行动纲要》下发后，有关互联网、大数据的发展目标被再次写进国家级重要文件。网络强国是基础，"互联网+"是手段，大数据运用是核心，三者合起来协同发展，将实现产业结构转型升级、政府治理水平提升、民生改善、国力增强。

党的十八届五中全会将"互联网+"、大数据、科技创新放到了重要位置，体现出国家已经认识到，未来全球的竞争是科技的竞争，是信息技术的竞争，是大数据的竞争。大数据技术的战略意义不在于拥有庞大的数据信息，而在于如何对这样的数据进行有效的专业化分析和数据分享。如果把大数据比作一个产业，其盈利的关键点在于对数据的加工处理，从而实现增值。在大数据时代，一个国家的影响力和主导权主要体现在对数据的掌控上。国家之间的竞争焦点正在从过去的资本、土地、人才、资源等领域转向对数据的争夺上，对大数据的开发、利用和保护的争夺日益激烈，国家之间竞争的控制权已经由过去的制陆权、制空权、制海权转向主要依赖数据控制权。现在国家之间竞争能力强弱的区分依据不再是经济规模和经济实力，而逐渐取决于一个国家的数据处理能力。基于互联网的大数据引发的经济社会革命才刚刚起步，这场革命关乎中国前途命运。

自 2016 年以来，针对大数据产业发展的政策紧密出台，国家发改委、工信部、国家林业局、农业部，以及各级省市政府都相继推出了促进大数据产业发展的意见和方案，涉及产业转型、政府治理、科技攻关、产业扶持和安全保障等多个方面，产业发展环境持续优化。从这些意见和方案可以看出，大数据政策规划正逐渐向各大行业和细分应用领域延伸，大数据产业大踏步进入应用时代。与此同时，各地方政府如贵州省、浙江省和福建省，也均在规划文本的基础上，大力推出相关的促进条例、实施计划和新区建设计划，拓展大数据应用案例的落地发展。

2017 年，国内大数据行业在政策、技术、产业、应用等多个层面都取得了显著进展。据报告显示，2017 年中国大数据产业规模达 4700 亿元人民币，同比增长 30%，其中，大数据软硬件产品的产值约为 234 亿元人民币，同比增长 39%。2017 年我国数字经济总量达到 27.2 万亿元，同比名义增长超过 20.3%，占 GDP 比重达到 32.9%。在这其中，以大数据为代表的新一代信息技术对于数字经济的贡献功不可没。

二、大数据驱动第四次工业革命

第四次工业革命是继蒸汽技术革命（第一次工业革命）、电力技术革命（第二次工业革命）、计算机及信息技术革命（第三次工业革命）之后的又一次科技革命。

第四次工业革命也被称为"工业 4.0"时代，是以人工智能、机器人技术、量子信息技术、虚拟现实、3D 打印为主的技术革命。由于第四次工业革命仍处于蓄势阶段，所以这个概念目前还有点抽象。然而可以肯定的是，它将开启全面人工智能时代，让所有的机器都能相互通信和学习，将对生产活动造成深刻影响。

那么，大数据将在其中发挥什么作用呢？

简单来说，大数据对第四次工业革命至关重要。有些人甚至说大数据就是"工业4.0"。对制造业企业而言，大数据技术的战略意义不仅在于掌握庞大的数据信息，更在于对数据的"加工能力"——对大量的数据进行专业化的处理，使之转化成为对企业有用的信息。制造业企业如果能够在工业环境中建立起大数据平台，提高工厂对不同设备收集的海量信息进行梳理的能力，提高企业信息系统的计算能力和数据消化能力，实现对企业的产品数据、运营数据、销售数据、客户数据的实时而有针对性的分析，并用其指导下一轮的研发、生产、销售和服务，这将使得企业在低成本运营的同时，有效实现按需生产、绿色生产，提高企业的经营效率。这是真正的可持续发展。

也有人提出了"人工智能＋大数据＝第四次工业革命"的公式。我们可以看到，一方面，自动化的机器将替代人类完成一些烦琐的工作；另一方面，在管理和利用数据时，也产生了更多新的就业岗位。

第四次工业革命的核心概念之一是所有机器和设备能够相互连接、相互交流和学习。在早期阶段，就和物联网（IoT）类似，物联网的概念，即汽车、冰箱、电视机、烤箱和家庭安全系统等日常物品都连接到互联网。借助人工智能，我们将节省大量决策时间，将看到这些产品和概念是如何让我们的生活变得更轻松，如何创造出新的商机。正如一位IBM分析师所说，人工智能和物联网的共同之处在于它们都使用和分析大数据。对这三个领域进行投资的公司极有可能在第四次工业革命中占得先机，成为时代前沿的领导者和创新者。

（一）数据成为基础性生产要素

与农业时代的土地、农资及劳动力，工业时代的技术与资本不同的是，数据是人类自己创造的全新的生产资料。在互联网出现之前，数据已经存在，但互联网的发展和相关技术的进步使得数据的流动和利用更为便利，数据用于记录、反馈和提升互动体验，过往杂乱无章的数据因为流动而变得鲜活。数据拥有了生命，能够用于量化决策与预测。发掘数据价值的技术成本降低，数据可以用于全局流程及价值优化，并且实现真正的数据业务化，产生新的社会经济价值。

（二）大数据已成为战略性新兴产业

战略性新兴产业是以重大技术突破和重大发展需求为基础，对经济社会全局和长远发展具有重大引领带动作用，知识技术密集、物质资源消耗少、成长潜力大、综合效益好的产业。战略性新兴产业代表着新一轮科技革命和产业变革的方向，是构建现代产业新体系、获取未来竞争新优势的关键领域，是引导未来经济社会发展的重要力量。

自国际金融危机爆发至今，全球经济增长持续低迷，大力发展新兴产业成为各国寻找新的增长点、培育竞争新优势的战略选择。"德国工业4.0""美国先进制造业国家战略计划""法国未来工业计划"等，其核心理念和重点领域都是围绕发展新兴产业。如美国建立的14家创新研究院，研究领域也主要集中在增材制造、轻量材料、复合材料、生物制药、机器人等新兴产业。新兴经济体纷纷出台政策措施，如巴西加大对新能源、电动汽车等新兴产业的补贴，大力发展新兴产业，积极参与全球产业再分工等。

我国培育发展战略性新兴产业，是党中央、国务院作出的重大决策部署，对我国产业结构的升级发展，提升我国在国际上的地位以及综合国力具有重大意义。

自 2016 年国务院发布《"十三五"国家战略性新兴产业发展规划》以来，国家和地方层面相继制定出台了一系列重要文件。在国家层面，相关部门制定了《战略性新兴产业重点产品和服务指导目录》（2016 版）、《新一代人工智能发展规划》、《大数据产业发展规划（2016—2020 年）》、《"十三五"生物技术创新专项规划》等文件。在地方层面，安徽省于 2017 年 7 月在国内率先出台了《安徽省促进战略性新兴产业集聚发展条例》，广东、山东、安徽、江苏、北京、四川等多省市发布了"十三五"战略性新兴产业发展规划，此外多地还在细分领域出台了一系列文件，为战略性新兴产业营造日益完善的发展环境。

《"十三五"国家战略性新兴产业发展规划》认为，"未来 5 到 10 年，是全球新一轮科技革命和产业变革从蓄势待发到群体迸发的关键时期。信息革命进程持续快速演进，物联网、云计算、大数据、人工智能等技术广泛渗透于经济社会各个领域，信息经济繁荣程度成为国家实力的重要标志"，因而明确实施国家大数据战略，组织实施大数据发展工程。这是继"十三五"规划确认实施国家大数据战略之后，进一步细化其宏观方向，即"落实大数据发展行动纲要，全面推进重点领域大数据高效采集、有效整合、公开共享和应用拓展，完善监督管理制度，强化安全保障，推动相关产业创新发展"，并基于此制定了相关发展规划，促进大数据产业健康快速发展。

（三）大数据成为塑造国家竞争力的战略制高点之一

大数据是一场科技创新的竞争，更是未来国与国之间软实力竞争的重要领域。近年来，各国从国家战略层面认识到大数据的重要作用，将其作为事关国家未来核心竞争力以及未来国际软实力竞争中的重要资源，国际间的软实力竞争已经深入数据领域。这意味着，在未来的国际竞争中，谁能更好地掌握数据、整合数据、挖掘数据并精准地研判数据，谁就能占得先机，取得发展的优先权和主导权。

当前，世界各国都把推进经济数字化作为实现创新发展的重要动能，在前沿技术研发、数据开放共享、安全保护、人才培养等方面作了前瞻性布局。对正处于经济发展模式转变关键期的中国而言，对大数据资源和大数据技术能力掌握和运用的程度，将在一定程度上决定中国国家软实力和参与全球治理能力的强弱。因此，我们必须充分认识大数据对提升国家软实力的深远影响和巨大作用，深入了解大数据发展现状和趋势，分析我国大数据发展取得的成绩和存在的问题，推动实施国家大数据战略，加快完善数字基础设施，推进数据资源整合和开放共享，保障数据安全，加快建设数字中国，更好地服务于经济社会发展和人民生活改善。

（四）大数据已成为传统产业转型升级的重要引擎

由于大数据资产可以复制、递增、共享，以其效益递增可以弥补传统资源效益递减，这样就改变了以往资源的投入、组合和利用方式，加之依托互联网延展了资源配置平台，使得经济发展中的动力机制、要素依赖、创新驱动、思维模式、企业组织架构等均发生了明显的变化。以往经济增长方式是高成本、低效益，效益呈递减趋势。在信息时代，大数据成为重要的生产要素，经济发展方式是低成本、高效率，效益呈递增趋势。这种发展是智慧的、绿色的、共享的、可持续发展的，是发展方式的真正转变。

通过数据资源的有效利用以及开放的数据生态体系使得数字价值充分释放，驱动传统产业的数字化转型升级和新业态的培育发展，提高传统产业劳动生产率，培育新市场和产业新增长点，促进数字经济持续发展创新。

大数据可以驱动传统产业向数字化和智能化方向转型升级，是数字经济推动效率提升和经济结构优化的重要抓手。在产业发展中持续深入地推进大数据应用，加快传统优势产业数字化、智能化，催生数据驱动的新兴业态，能够为经济转型发展提供新动力，不仅可以实现对既有经济模式的重塑，促进产业结构优化升级，也能够催生一系列大数据新业态和新模式，推动社会步入数字经济时代，使企业、民众享受到数字红利带来的新增长，增加财政收入，提高区域经济竞争力。

1. 传统产业是大数据应用场景的主要源泉

大数据作为一种新的理念、新的技术、新的生产要素，应用场景不仅是其价值所在，更是其获得发展的源泉。没有应用场景，大数据就是无源之水、无本之木，其应用和发展也将受到局限。

自 2015 年国务院颁布《促进大数据发展行动纲要》以来，大数据在我国发展迅猛，大数据产业规模不断扩大，种类不断丰富。大数据产业业态可以分为三大类（见表 1 ）。

表 1　大数据产业业态分类

核心业态	核心业态是指围绕数据生命周期、大数据关键技术和大数据核心业务所形成的产业业态，为整个大数据产业链提供支撑，代表着大数据的创新性和带动性。大数据核心业态包括大数据的采集、加工、存储、分析、交易、安全、服务和云平台建设运营
关联业态	关联业态主要包括大数据产业链上下游与大数据核心业态紧密联系的电子信息产业，是打开大数据价值之门的钥匙。大数据关联业态主要包括智能终端、集成电路、电子材料和元器件、呼叫服务、电子商务、互联网金融、软件和服务外包等
衍生业态	衍生业态是大数据、"互联网＋"在各行业、各领域的融合应用所产生的业态，是大数据与传统经济融合发展的产物，是核心业态和关联业态的市场和服务对象，也是发展大数据应用的敲门砖、入门路，主要包括智慧农业、智能制造、智慧健康、智慧教育、智慧旅游、智慧物流、智慧能源、智慧交通和智慧环保等

　　衍生业态作为大数据产业业态的种类之一，不仅是大数据与实体经济融合发展的产物，更是大数据产业中范围最大、应用最广、占比最高的产业业态。当前，我国大数据产业规模和结构尚不成熟，主要集中在核心业态和关联业态。衍生业态作为大数据产业发展的新阶段，虽然刚刚起步，但其发展前景十分广阔。通过与实体经济的融合发展，衍生业态必将成为大数据产业发展的主战场，助力大数据产业发展迈向新的高度。

　　2. 大数据是传统产业转型升级的时代机遇

　　近年来，受国内生产成本上升及国际经济增速放缓等因素的影响，我国实体经济面临很大的发展困境。突出表现为以下几个方面：

首先，增速明显放慢。近年来，我国实体经济下行压力大，下行态势明显。据统计，2015 年我国全部工业增加值增速达到 1992 年以来的最低值，仅为 5.9%。2016 年以来，在国家宏观政策的调控下，规模以上工业增速开始回暖，呈现缓中趋稳的态势，但增长的绝大部分来自非主营业务。

其次，盈利能力大幅下降。随着原材料、人工等价格的不断上涨，实体经济的运营成本持续走高，实体经济企业的经营环境趋紧，整体经营状况不容乐观，企业的盈利能力大幅下降。

最后，结构性矛盾更加突出。我国的产业调整明显滞后于需求结构的升级，现有的产业结构难以满足居民不断增长的生活品质需求。我国实体经济面临的最尖锐问题就是低端产能过剩与高端产品短缺并存，其本质原因就是实体经济的产业结构不合理和供需结构不匹配。产能过剩目前主要集中在传统行业，但一些新兴产业也开始出现产能过剩的苗头。

大数据作为一种新兴技术手段、新的思维方式，已经成为传统产业改造升级的助推器。通过对大数据理念和技术的融合运用，可以改造提升传统产业，显著提升传统产业的产品质量和生产效率。不仅能够有效降低传统产业的生产经营成本，还可以推动传统产业不断向高端化和智能化的方向发展。例如，在工业和信息化部开展的"两化融合"贯标工作中，通过运用大数据等信息技术，贯标企业显著提升了生产效率、研发创新能力和服务水平，在运营成本平均下降 8.8% 的同时，经营利润不降反增，平均增加 6.9%，综合效益获得显著增长。

进入新时代，我国经济发展的关键在于振兴实体经济，而大数据正是实体经济转型升级、获得发展活力的新机遇。推进大数据和实体经济深度融合，利用大数据改造传统产业，对于推进传统产业转型升级、激活传统产业提升发展生机具有重要意义，是我国通过创新驱动实现实体经济转型发展的重要路径。

3. 大数据是"中国制造2025"的重要支撑

目前在世界范围内，工业的转型升级正成为全球经济发展新一轮的竞争焦点。用云计算、大数据、物联网、人工智能等技术引领工业生产方式的变革，拉动工业经济的创新发展，正在成为不可逆转的潮流趋势。全球产业竞争格局正在发生重大调整，新一代信息技术与制造业深度融合，正在引发对产业影响深远的变革，形成新的生产方式、产业形态、商业模式和经济增长点。各国都在加大科技创新力度，推动三维打印、移动互联网、云计算、大数据、生物工程、新能源、新材料等领域取得新突破。

全球产业竞争格局正在发生重大调整，我国在新一轮发展中面临巨大挑战。面对发达国家纷纷实施"再工业化"战略和一些发展中国家的加快谋划布局，中国制造业面临"双向挤压"的严峻挑战，必须放眼全球，加紧战略部署，着眼建设制造强国。2015年5月，国务院印发《中国制造2025》，部署全面推进实施制造强国战略，这是我国实施制造强国战略第一个十年的行动纲领。围绕实现制造强国的战略目标，《中国制造2025》提出推进信息化与工业化的深度融合。加快推动新一代信息技术与制造技术融合发展，把智能制造作为两化深度融合的主攻方向；着力发展智能装备和智能产品，推进生产过程智能化，培育新型生产方式，全面提升企业研发、生产、管理和服务的智能化水平，研究制定智能制造发展战略。编制智能制造发展规划，明确发展目标、重点任务和重大布局。加快制定智能制造技术标准，建立完善智能制造和"两化融合"管理标准体系。强化应用牵引，建立智能制造产业联盟，协同推动智能装备和产品研发、系统集成创新与产业化。促进工业互联网、云计算、大数据在企业研发设计、生产型制造、经营管理、销售服务等全流程和全产业链的综合集成应用。

《中国制造2025》强调了信息技术和制造技术的深度融合是新一轮产业竞争的制高点，而智能制造则是抢占这一制高点的主攻方向。智能制造成为新型生产方式，移动互联网、云计算、大数据、物联网等在制造业领域加速创新应用，使得材料、设备、产品和用户之间可以在线联接和实时交互，推动制造业生产方式向智能制造转变。大数据正成为产业发展的创新要素，将为智能制造、定制化生产提供技术支撑，最终助推中国传统制造业向"中国智能"转型。

在制造业领域，利用大数据可以完成常规数据库技术难以完成的对生产过程中产生的海量数据的捕捉、存储、管理和分析，从而进一步对企业的产品、运营、销售和客户数据进行实时而有针对性的分析，并用其指导下一轮的研发、生产、销售和服务，有效实现按需生产。借助大数据，还可以实现企业内垂直的各环节的数据，以及客户、供应商和合作伙伴等上下游数据的交换与共享，以此建立起面向产业链的数据开放平台，最终形成在制造领域的个性化定制和精准化服务能力。制造业企业利用其在价值链上游的运营优势，通过产品和服务的融合、合作伙伴和客户全程参与、企业相互提供生产性服务和服务性生产，可以提供与自身产品紧密相关的专业化服务。通过移动互联、大数据等带来的低成本感知、高速移动连接、分布式计算和高级分析，能够创新企业的研发、生产、运营、营销和管理方式，促进制造业从"生产型制造"向"服务型制造"转变，推动"中国制造2025"加速落地。

4. 大数据是"工业 4.0"的核心推动力

"工业 4.0"是工业现代化发展的新阶段，是在互联网、物联网、大数据、云计算等新一代信息技术应用基础上的工业革命的新阶段。德国学术界和产业界认为，"工业 4.0"概念即是以智能制造为主导的第四次工业革命，或革命性的生产方法。该战略旨在通过充分利用信息通信技术和网络空间虚拟系统—信息物理系统（Cyber-Physical System）相结合的手段，将制造业向智能化转型。

工业发展的早期为支持生产流程而采用简单的机械系统，这是制造端的生产力需求。而随着"工业 4.0"的出现和互联网等科技新生态的飞速全面化，消费者对产品创新、质量、品种以及交付速度的看法发生了质的变化，这就是我们今天看到的市场个性化需求的根本原因之一。到目前为止，为适应动态变化的市场需求而采用高度自动化的流水线等新科技，其核心驱动来自消费端。因此，现代制造设备必须具备自我意识、自我预测、自适应对比、自主重配置以及自主维修等工业智能的能力，才有可能实现全面个性化与创新的发展。

在工业大数据的实践中，宏观与微观、规模与定制、个性与共性必然成为主要的几个矛盾。在这三大矛盾的背后，我们要通过工业大数据看到我们以前看不到的因素，处理好这些数据，让数据成为有价值的信息。"工业 4.0"的五个支撑力值得我们关注。一是降低生产过程中的浪费。生产过程中的消耗来源于组织与组织之间、人与人之间、材料与工艺之间、流程之间，所以我们首先要考虑的问题，是如何降低消耗、浪费。二是制造工业环保与安全。没有碳排放是不现实的，但排放怎么转移，怎么去消费它是问题。三是根据生产状况，实现系统自我调整。在工业大数据里，我们称为自适应。整个"工业4.0"讲的就是自适应、自感应、自调理。大数据分析到最后在很大程度上取决于人工智能，指的是自适应能力的强弱，机器自我学习能力的强弱。四是实现制造业的价值化。五是实现用户需求、产品设计、制造和营销的配合。

工业数据最终形成商业机会，有四个方面需要关注：

一是沟通，即设备环境信号识别。信号识别的关键点是信息收集过程中实时性还不够，信号识别的对象不够完整和全面，这是建立工业大数据能力需要考虑的第一个问题。

二是集成与融合，即大数据的数据平台。所谓融合，就是说，OA、知识库、ERP、采购系统等所有可触摸和非可触摸的数据都应该串联起来。这一串联工作还有非常漫长的路要走。

三是分析与决策，我们大数据的建模能力不差，缺的是对行业理解的投入、形成模型的能力，以及不断推倒重建和调整的持续投入。

四是创建自助服务文化，机器能够自我学习和自我调节。通过焦点转移到不可见的因素，数据给了我们发现创新的全新多视角，最终导向了革命性的商业机会。

（五）大数据与各类新兴产业的融合共生

大数据、互联网等新一代信息技术与实体经济融合发展催生了新产业、新业态和新模式，以更小型化的组织方式、更精细化的制造模式、更个性化的生产方式，为我国经济发展带来新的增长点，培育壮大了新的发展动能。

作为全球第二大经济体，中国已走向新旧动能转换的关键点，"新经济"应运而生。"当前我国发展正处在这样一个关键时期，必须培育壮大新动能，加快发展新经济。"2016 年，新经济首次被写入《政府工作报告》。

新经济具备以下几点特征：一是互联网成为核心基础设施。互联网已由最初的一种改善沟通的工具变成支撑整个经济社会的基础设施。与水、电、公路一样，成为行业发展和生活必备的核心基础设施。二是数据成为新经济重要的生产要素。随着大数据和云计算等技术的不断发展，数据的挖掘分析和存储利用成本不断降低，使其成为继土地、劳动、资本、技术和制度后又一独立的生产要素。在传统经济下，土地、劳动、资本等生产要素具有规模报酬递减的特点，而新经济下的信息化和工业化的深度融合，将数据投入设计、生产、销售、流通、服务等环节不仅可以降低交易成本，提高生产效率，还可以产生规模报酬递增的效果。三是个性化定制是新经济的生产范式。传统经济的生产范式是大规模批量生产，而新经济下消费者逐渐掌握生产和消费的自主权。高新技术的发展使低成本个性化制造成为可能，劳动工具的智能化成为个性化制造的重要载体。新经济下的个性化定制可以更好地满足消费者需求，不断细化的社会分工可以为消费者提供更好的服务。四是分享无处不在。分享经济以更低成本和更高效率实现经济剩余资源的供需匹配，成为推动经济发展的新动能。

自 2015 年以来，中国围绕新经济也出台包括"中国制造2025"、"互联网 +"、人工智能、创新创业等领域的一系列政策。世界经济发展的历史表明，每一次科技革命和产业变革时期都是后发国家实现弯道超车的时间窗口。当前正在兴起的"新经济"的核心技术是新一代信息技术，而新一代信息技术具有典型的网络效应特征，用户、市场规模是影响产业发展的关键因素。中国是世界上人口规模最大的国家，改革开放 40 多年来的高速增长带来收入水平的显著提高，人口大国意味着市场大国，容易发挥网络效应、引发正反馈机制，这是中国在电子商务、移动支付、社交网络等新经济领域取得世界领先地位的大国优势。

三、大数据上升为国家战略

大数据时代，全球数据爆炸式增长，引发了巨大的经济社会变革，颠覆性地改变着国际战略格局、世界安全形势、国家治理架构和资源配置模式。党中央、国务院对此高度重视，发展大数据已经成为我国提升治理体系与治理能力现代化水平、实现经济发展新常态下弯道赶超的重要机遇和战略抉择。

《行动纲要》提出："信息技术与经济社会的交汇融合引发了数据迅猛增长，数据已成为国家基础性战略资源，大数据正日益对全球生产、流通、分配、消费活动以及经济运行机制、社会生活方式和国家治理能力产生重要影响。"《行动纲要》对我国大数据发展进行了顶层设计和统筹部署，彰显和强化了大数据在国家战略中的突出地位。

（一）聆听高层声音

党的十八大以来，习近平总书记以宏阔视野和战略思维，高瞻远瞩地提出国家大数据战略、网络强国战略思想。党的十九大报告对建设网络强国、数字中国、智慧社会进行了战略部署。2017 年 12 月 8 日，习近平总书记主持十九届中央政治局就实施国家大数据战略进行第二次集体学习时指出，要推动大数据技术产业创新发展，要构建以数据为关键要素的数字经济，要运用大数据提升国家治理现代化水平，要运用大数据促进保障和改善民生。2018 年 4 月 20 日，在全国网络安全和信息化工作会议、数字中国建设峰会上，习近平总书记就实施网络强国战略、推进数字中国建设再次作出重要部署。习近平总书记关于大数据发展的一系列重要指示，为我们发展大数据指明了前进方向，提供了重要遵循。

国务院总理李克强也高度重视发展大数据产业。2016 年 5 月 25 日，李克强总理在贵阳出席中国大数据产业峰会暨中国电子商务创新发展峰会开幕式并致辞。身处转型期的中国经济，既需要以大数据为代表的新兴经济的推动，也需要改造和提升传统产业，在李克强总理看来，二者的融合发展，将打造出中国经济发展的"双引擎"。他强调，大数据是 21 世纪的"钻石矿"，中国应把握住此次历史机遇，携手"工匠精神"、发展共享经济，李克强总理为发展大数据描绘出了清晰路径。

1. 战略层面

我们要坚持创新驱动发展，加强在数字经济、人工智能、纳米技术、量子计算机等前沿领域合作，推动大数据、云计算、智慧城市建设，连接成 21 世纪的数字丝绸之路。

——2017 年 5 月 4 日，习近平在"一带一路"国际
合作高峰论坛开幕式上的演讲

大数据发展日新月异，我们应该审时度势、精心谋划、超前布局、力争主动，深入了解大数据发展现状和趋势及其对经济社会发展的影响，分析我国大数据发展取得的成绩和存在的问题，推动实施国家大数据战略，加快完善数字基础设施，推进数据资源整合和开放共享，保障数据安全，加快建设数字中

国，更好服务我国经济社会发展和人民生活改善。

——2017 年 12 月 8 日，习近平主持中共中央政治局
就实施国家大数据战略进行第二次集体学习时强调

中国高度重视大数据发展。我们秉持创新、协调、绿色、开放、共享的发展理念，围绕建设网络强国、数字中国、智慧社会，全面实施国家大数据战略，助力中国经济从高速增长转向高质量发展。

——2018 年 5 月 26 日，习近平向 2018 中国国际
大数据产业博览会致贺信

未来 10 年，将是世界经济新旧动能转换的关键 10 年。人工智能、大数据、量子信息、生物技术等新一轮科技革命和产业变革正在积聚力量，催生大量新产业、新业态、新模式，给全球发展和人类生产生活带来翻天覆地的变化。我们要抓住这个重大机遇，推动新兴市场国家和发展中国家实现跨越式发展。

——2018 年 7 月 25 日，习近平在金砖国家
工商论坛上的讲话

数据是基础性资源，也是重要生产力。大数据与云计算、物联网等新技术相结合，正在迅疾并将日益深刻地改变人们生产生活方式，"互联网 +"对提升产业乃至国家综合竞争力将发挥关键作用。

——李克强在 2015 贵阳国际大数据产业博览会暨
全球大数据时代贵阳峰会上的讲话

大数据等新一代互联网技术深刻改变了世界，也让各国站在科技革命的同一起跑线上。中国曾屡次与世界科技革命失之交臂，今天要把握这一历史机遇，抢占先机，赢得未来。

——李克强在 2016 中国大数据产业峰会暨中国电子
商务创新发展峰会上的讲话

2. 应用层面

当前，信息技术、生命科学、智能制造、绿色能源等前沿领域不断突破，新材料、新产品、新业态迭代周期不断缩短。大数据、3D 打印、人工智能，这些曾经的科学幻想，如今已经融入人们的衣食住行用，未来已经来到我们身边。

——2018 年 11 月 17 日，习近平在亚太经合组织
工商领导人峰会上的主旨演讲

要推动互联网、大数据、人工智能和实体经济深度融合，加快制造业、农业、服务业数字化、网络化、智能化。

各级领导干部特别是高级干部要主动适应信息化要求、强化互联网思维，不断提高对互联网规律的把握能力、对网络舆论的引导能力、对信息化发展的驾驭能力、对网络安全的保障能力。各级党政机关和领导干部要提高通过互联网组织群众、宣传群众、引导群众、服务群众的本领。

——2018 年 4 月 20—21 日，习近平在全国网络
安全和信息化工作会议上的讲话

要深化供给侧结构性改革，加快发展先进制造业，推动互联网、大数据、人工智能同实体经济深度融合，推动资源要素

向实体经济集聚、政策措施向实体经济倾斜、工作力量向实体
经济加强，营造脚踏实地、勤劳创业、实业致富的发展环境和
社会氛围。

　　　　　——2018 年 1 月 30 日，习近平主持中共中央政治局
就建设现代化经济体系进行第三次集体学习时强调

　　我国经济发展进入新常态，新常态要有新动力，互联网在
这方面可以大有作为。要着力推动互联网和实体经济深度融合
发展，以信息流带动技术流、资金流、人才流、物资流，促进
资源配置优化，促进全要素生产率提升，为推动创新发展、转
变经济发展方式、调整经济结构发挥积极作用。

　　　　　——2016 年 4 月 19 日，习近平主持召开网络安全和
信息化工作座谈会并发表重要讲话

　　要推动绿色发展，从源头上防治环境污染。深入推进供给
侧结构性改革，实施创新驱动发展战略，培育壮大新产业、新
业态、新模式等发展新动能。运用互联网、大数据、人工智能
等新技术，促进传统产业智能化、清洁化改造。加快发展节能
环保产业，提高能源清洁化利用水平，发展清洁能源。倡导简
约适度、绿色低碳生活方式，推动形成内需扩大和生态环境改
善的良性循环。

　　　　　——2018 年 5 月 18—19 日，李克强在全国生态
环境保护大会上的讲话

3. 数字中国

　　要推进互联网、大数据、人工智能同实体经济深度融合，

做大做强数字经济。要以智能制造为主攻方向推动产业技术变革和优化升级，推动制造业产业模式和企业形态根本性转变，以"鼎新"带动"革故"，以增量带动存量，促进我国产业迈向全球价值链中高端。

——2018 年 5 月 28 日，习近平在中国科学院第十九次院士大会、中国工程院第十四次院士大会上的讲话

加快数字中国建设，就是要适应我国发展新的历史方位，全面贯彻新发展理念，以信息化培育新动能，用新动能推动新发展，以新发展创造新辉煌。

——2018 年 4 月 22 日，习近平致信祝贺首届数字中国建设峰会开幕

构建以数据为关键要素的数字经济。建设现代化经济体系离不开大数据发展和应用。我们要坚持以供给侧结构性改革为主线，加快发展数字经济，推动实体经济和数字经济融合发展，推动互联网、大数据、人工智能同实体经济深度融合，继续做好信息化和工业化深度融合这篇大文章，推动制造业加速向数字化、网络化、智能化发展。要深入实施工业互联网创新发展战略，系统推进工业互联网基础设施和数据资源管理体系建设，发挥数据的基础资源作用和创新引擎作用，加快形成以创新为主要引领和支撑的数字经济。

——2017 年 12 月 8 日，习近平主持中共中央政治局就实施国家大数据战略进行第二次集体学习时强调

当前新一轮科技革命和产业变革席卷全球，大数据、云计

算、物联网、人工智能、区块链等新技术不断涌现，数字经济正深刻地改变着人类的生产和生活方式，作为经济增长新动能的作用日益凸显。

——李克强向 2017 中国国际大数据产业博览会致贺信

4. 社会治理

要运用大数据提升国家治理现代化水平。要建立健全大数据辅助科学决策和社会治理的机制，推进政府管理和社会治理模式创新，实现政府决策科学化、社会治理精准化、公共服务高效化。要以推行电子政务、建设智慧城市等为抓手，以数据集中和共享为途径，推动技术融合、业务融合、数据融合，打通信息壁垒，形成覆盖全国、统筹利用、统一接入的数据共享大平台，构建全国信息资源共享体系，实现跨层级、跨地域、跨系统、跨部门、跨业务的协同管理和服务。要充分利用大数据平台，综合分析风险因素，提高对风险因素的感知、预测、防范能力。要加强政企合作、多方参与，加快公共服务领域数据集中和共享，推进同企业积累的社会数据进行平台对接，形成社会治理强大合力。要加强互联网内容建设，建立网络综合治理体系，营造清朗的网络空间。

——2017 年 12 月 8 日，习近平主持中共中央政治局就实施国家大数据战略进行第二次集体学习时强调

我们要深刻认识互联网在国家管理和社会治理中的作用，以推行电子政务、建设新型智慧城市等为抓手，以数据集中和共享为途径，建设全国一体化的国家大数据中心，推进技术融合、业务融合、数据融合，实现跨层级、跨地域、跨系统、跨

部门、跨业务的协同管理和服务。要强化互联网思维，利用互联网扁平化、交互式、快捷性优势，推进政府决策科学化、社会治理精准化、公共服务高效化，用信息化手段更好感知社会态势、畅通沟通渠道、辅助决策施政。

——2016年10月9日，习近平主持中共中央政治局就实施网络强国战略进行第三十六次集体学习时强调

5. 安全层面

要切实保障国家数据安全。要加强关键信息基础设施安全保护，强化国家关键数据资源保护能力，增强数据安全预警和溯源能力。要加强政策、监管、法律的统筹协调，加快法规制度建设。要制定数据资源确权、开放、流通、交易相关制度，完善数据产权保护制度。要加大对技术专利、数字版权、数字内容产品及个人隐私等的保护力度，维护广大人民群众利益、社会稳定、国家安全。要加强国际数据治理政策储备和治理规则研究，提出中国方案。

——2017年12月8日，习近平主持中共中央政治局就实施国家大数据战略进行第二次集体学习时强调

坚持正确舆论导向，高度重视传播手段建设和创新，提高新闻舆论传播力、引导力、影响力、公信力。加强互联网内容建设，建立网络综合治理体系，营造清朗的网络空间。

——2017年10月18日，中国共产党第十九次全国代表大会报告

6. 国际合作

"十三五"时期，中国将大力实施网络强国战略、国家大数据战略、"互联网＋"行动计划，发展积极向上的网络文化，拓展网络经济空间，促进互联网和经济社会融合发展。我们的目标，就是要让互联网发展成果惠及 13 亿多中国人民，更好造福各国人民。

——2015 年 12 月 16 日，习近平在第二届世界互联网大会开幕式上的讲话

加强人文领域合作，深入开展教育、科技、文化、体育、旅游、卫生、考古等领域合作，建立大数据交流平台，共同打造"一带一路"智库合作网络。

——2016 年 6 月 22 日，习近平在乌兹别克斯坦最高会议立法院的演讲

我们要坚持创新驱动发展，加强在数字经济、人工智能、纳米技术、量子计算机等前沿领域合作，推动大数据、云计算、智慧城市建设，连接成 21 世纪的数字丝绸之路。

——2017 年 5 月 14 日，习近平在"一带一路"国际合作高峰论坛开幕式上的演讲

当前，以互联网、大数据、人工智能为代表的新一代信息技术日新月异，给各国经济社会发展、国家管理、社会治理、人民生活带来重大而深远的影响。把握好大数据发展的重要机遇，促进大数据产业健康发展，处理好数据安全、网络空间治

理等方面的挑战，需要各国加强交流互鉴、深化沟通合作。

——2018 年 5 月 26 日，习近平向 2018 中国国际

大数据产业博览会致贺信

中方愿结合阿拉伯国家中长期发展战略规划，加强双方数字经济、人工智能、新材料、生物制药、智慧城市等领域合作。我们要落实好中阿科技伙伴计划，在双方感兴趣的重点领域共建联合实验室。要加快网上丝绸之路建设，争取在网络基础设施、大数据、云计算、电子商务等领域达成更多合作共识和成果。

——2018 年 7 月 11 日，习近平在中阿合作论坛第八届

部长级会议开幕式上的讲话

（二）相关政策梳理

1. "大数据"连续 6 年写入国务院的《政府工作报告》

2019 年 3 月 5 日，十三届全国人大二次会议在人民大会堂开幕，国务院总理李克强在《政府工作报告》中强调，要促进新兴产业加快发展。深化大数据、人工智能等研发应用，培育新一代信息技术、高端装备、生物医药、新能源汽车、新材料等新兴产业集群，壮大数字经济。坚持包容审慎监管，支持新业态新模式发展，促进平台经济、共享经济健康成长。

自 2014 年以来，大数据已连续 6 年写入国务院的《政府工作报告》。2019 年既是新中国成立 70 周年，也是全面建成小康社会的关键之年。在这一重要的历史节点上，大数据屡被提及，成为中国经济新常态下快速稳定增长的新动能和带动供给侧改革的新

引擎。

由概念理论走向蓬勃发展、全面落地，过去 6 年，党中央、国务院高度重视大数据产业发展，战略政策红利频频。国家部委、地方政府纷纷以数据资产运营等方式开启数字化转型之路，将大数据应用于政府监管、社会治理、经济转型等诸多实践领域。

透过 6 年来的政府工作报告，读懂我国大数据产业的发展脉络。

2014 年：中国大数据产业扬帆起航

2014 年，大数据首次被写入《政府工作报告》，而这一年也成为实际意义上的"中国大数据元年"。从这一年开始，中国大数据产业蓬勃发展。

李克强总理在《政府工作报告》中提到大数据时是这样说的："设立新兴产业创业创新平台，在新一代移动通信、集成电路、大数据、先进制造、新能源、新材料等方面赶超先进，引领未来产业发展。"这表明大数据作为一种新兴产业，将得到国家层面的大力支持。

从这一年开始，我国政府进一步提供积极的支持政策与适度宽松的发展环境，大数据迎来重要发展机遇。通过对数据的统计、分析、挖掘和应用，大数据市场规模达到 84 亿元人民币。

2015 年：大数据上升为国家战略

2015 年"两会"，大数据成为炙手可热的一大关键词，李克强总理在《政府工作报告》中明确提出大数据建设行动计划。新兴产业和新兴业态成为竞争高地，推动移动互联网、云计算、大数据、物联网等与现代制造业结合。

2015 年"两会"的大数据热潮是其突破 IT 互联网走向更广的产业层面，从企业内部扩展至整个社会的标志性事件，具有显著的历史意义，开启了大数据建设的新篇章。

这一年，顶层设计出炉，《促进大数据发展行动纲要》发布；这一年，党的十八届五中全会召开，大数据第一次被写入党的全会决议，标志着大数据战略正式上升为国家战略；纲举目张，这一年也成为各部委和各地政府的"数据共享年"，大数据平台陆续上线；这一年，贵州作为中国首个国家大数据综合试验区获得批复，在中国数据资源管理与共享开放、数据中心整合、数据资源应用等方面开展系统性试验；这一年，交易体系逐渐形成，贵阳大数据交易所挂牌运营，各地纷纷跟进；这一年，大数据应用更是"生根开花"，市场规模已达 115.9 亿元……

从国家战略层面看，把大数据作为战略性新兴产业提升到国家战略层面，有助于保障我国的数据主权，并在新一轮国际经济竞争中抢占制高点。

2016 年：大数据创新应用纵深发展

2016 年，大数据第三次出现在《政府工作报告》中，报告强调促进大数据、云计算、物联网广泛应用。

"十二五"以来，大数据领域由技术创新驱动向应用创新驱动转变的趋势开始显现，很多技术和产品是在应用需求的引导下完成的创新和突破。

2016 年作为"十三五"的开局之年，也是国家大数据战略布局并逐步推进实施的关键一年：3 月，国家大数据战略作为"十三五"十四大战略之一，首次被写进五年规划中，彰显国家对于大数据战略的重视；10 月，京津冀、上海等七大国家大数据综合试验区得以批复并加快建设，以期实现数据共享、区域内协同发展，加快产业转型；12 月，《大数据产业发展规划（2016—2020年）》正式发布，全面部署"十三五"时期大数据产业发展工作，推动大数据产业健康快速发展。

随着国家大数据战略推进实施以及配套政策的贯彻落实，大数据产业发展环境进一步优化，技术创新取得明显突破，大数据应用推进势头良好，产业体系初具雏形，市场规模达 168 亿元，支撑能力日益增强，涌现一批新技术、新业态、新模式。

2017 年：大数据产业发展迎来爆发期

2017 年的《政府工作报告》提出"加快大数据、云计算、物联网应用"，从 2016 年的"促进"升级为"加快"，折射了我国政府在大数据应用方面的态度，也就是从鼓励发展到积极参与到这一发展中。这一转变，源于大数据技术进步带来的数据价值的不断释放。

2017 年，《大数据产业发展规划（2016—2020 年）》正式实施，全面部署"十三五"时期大数据产业发展工作，加快建设数据强国，为实现制造强国和网络强国提供强大的产业支撑；贵阳、广东、重庆、内蒙古、丽江等 60 余个包括省、直辖市、自治区、副省级市、地级市在内的地区，激活了政府数据资源，数据资产运营的价值通过应用的落地逐渐得到释放，并且在区块链应用上实现重大突破；广东、福建、浙江、河南、上海等 16 个地区均依据当地发展现状制定相应的大数据政策，近 20 个地方政府陆续推进大数据应用平台建设；一批大数据技术研发实验室、工程中心、企业技术中心、产业创新平台、产业联盟、投资基金等形式的产业支撑平台相继建成；基本形成了跨部门数据共享共用的格局，全国已有 13 个省成立了 21 家大数据管理机构……

纵观 2017 年，我国大数据产业迎来全面发展的良好新局面，大数据融合应用进程加速，产业集聚进一步特色化发展，创新驱动仍是产业发展主基调，为做大做强数字经济、带动传统产业转型升级提供新动力。

2018 年：大数据产业步入高质量发展阶段

"做大做强新兴产业集群，实施大数据发展行动"，2018 年《政府工作报告》为大数据产业未来发展指明方向。

当前，我国各产业都在深入挖掘大数据的价值，研究大数据的深度应用。大数据在各行业的全面深度渗透将有力地促进产业格局重构，驱动生产方式和管理模式变革，推动制造业向网络化、数字化和智能化方向发展，成为中国经济新一轮快速增长的新动力和拉动内需的新引擎。

2018 年，政府及各行各业非结构化数据呈爆发式增长，对数据资产运营与管理的复杂度要求更高。社会经济各领域对大数据服务的需求进一步增强，大数据的新技术、新业态、新模式不断涌现，多个大数据产业集群崛起，大数据产业步入高质量发展的新阶段。

2019 年：深化研发应用壮大数字经济

李克强总理在 2019 年《政府工作报告》中指出："深化大数据、人工智能等研发应用，培育新一代信息技术、高端装备、生物医药、新能源汽车、新材料等新兴产业集群，壮大数字经济。"

6 年来，大数据的新技术、新业态、新模式不断涌现，驱动产业格局、生产方式和管理模式变革，以全新的思维方式，推进数字中国建设，寻求地方政府升级传统产业、解决落后产能问题的全新路径。

2. 国家密集出台政策促大数据产业高质量发展

2015 年 6 月，国务院办公厅印发《关于运用大数据加强对市场主体服务和监管的若干意见》，这是顺应大数据时代潮流，运用现代信息技术加强政府公共服务和市场监管，推动简政放权和政府职能转变的重要政策文件。

2015年8月，国务院正式印发了《促进大数据发展行动纲要》，成为我国发展大数据产业的战略性指导文件，充分体现了国家层面对大数据发展的顶层设计和统筹布局，为我国大数据应用、产业和技术的发展提供了行动指南。

2015年10月，党的十八届五中全会将"大数据"写入会议公报，提出实施"国家大数据战略"。这是大数据第一次被写入党的全会决议，标志着大数据战略正式上升为国家战略。党的十八届五中全会开启了大数据建设的新篇章。

2016年3月，《中华人民共和国国民经济和社会发展第十三个五年规划纲要》发布，第二十七章以"实施国家大数据战略"为题目，对"国家大数据战略"进行全面、详尽的阐述和规划。"十三五"规划纲要对"国家大数据战略"的阐释，成为各级政府在制定大数据发展规划和配套措施时的重要指导，对我国大数据的发展具有深远意义。

2016年7月，中共中央办公厅、国务院办公厅印发《国家信息化发展战略纲要》，是根据新形势对《2006—2020年国家信息化发展战略》的调整和发展，是规范和指导未来10年国家信息化发展的纲领性文件，是国家战略体系的重要组成部分，是信息化领域规划、政策制定的重要依据。

2016年9月，国务院发布《政务信息资源共享管理暂行办法》，加快推动政务信息系统互联和公共数据共享，充分发挥政务信息资源共享在深化改革、转变职能、创新管理中的重要作用，增强政府公信力，提高行政效率，提升服务水平。

2017年7月，国务院发布《新一代人工智能发展规划》，提出了面向 2030 年我国新一代人工智能发展的指导思想、战略目标、重点任务和保障措施，部署构筑我国人工智能发展的先发优势，加快建设创新型国家和世界科技强国。

2018 年 3 月，国务院办公厅发布《科学数据管理办法》，进一步加强和规范科学数据管理，保障科学数据安全，提高开放共享水平，更好地为国家科技创新、经济社会发展和国家安全提供支撑。

2016 年，国家对大数据区域发展进行整体规划布局，共批复了 8 个国家大数据综合试验区的建设。2 月，国家发改委、工信部、中央网信办批复贵州省组建我国第一个国家大数据综合试验区；10 月，又批复 7 个大数据综合试验区，其中包括两个跨区域类综合试验区（京津冀、珠江三角洲），4 个区域示范类综合试验区（上海、河南、重庆、沈阳），1 个大数据基础设施统筹发展类综合试验区（内蒙古）。大数据综合试验区的设立是国家统筹推进大数据发展的重要举措，将在大数据的制度创新、数据开放共享、产业聚集、资源要素流通、数据中心整合利用、国际交流合作等方面进行试验探索，推动着我国大数据的创新发展。

2017—2018 年，国家对发展大数据产业进一步加大政策指导。在党的十九大报告"贯彻新发展理念，建设现代化经济体系"一章中，专门提到"推动互联网、大数据、人工智能和实体经济深度融合"，高屋建瓴地指出了我国大数据发展重点方向。2017 年12 月 8 日，十九届中共中央政治局就实施国家大数据战略进行了第二次集体学习，习近平总书记深刻分析了我国大数据发展的现状和趋势，对我国实施国家大数据战略提出了五个方面的要求。此外，在这两年中，《新一代人工智能发展规划》《"十三五"国家政务信息化工程建设规划》《政务信息资源目录编制指南（试行）》

《公共信息资源开放试点工作方案》《科学数据管理办法》等重要政策、文件相继发布。

3. 各部委互相策应推动大数据实际应用

我国从国家层面对大数据谋篇布局，与此同时，各部委均推出大数据发展意见和方案，政策从全面、总体规划逐渐朝各大产业、各细分领域延伸，营造出利好政策大环境，促进大数据产业发展逐步从理论研究走向实际应用之路。

2015年10月，工信部发布《云计算综合标准化体系建设指南》，云计算是战略性新兴产业重要组成部分，推进云计算健康快速发展，对加速产业转型升级、促进信息消费、建设创新型国家具有重要意义。

2015年12月和2016年10月，农业部分别发布《关于推进农业农村大数据发展的实施意见》和《农业农村大数据试点方案》，加快数据整合共享和有序开放，充分发挥大数据的预测功能，深化大数据在农业生产、经营、管理和服务等方面的创新应用，为政府部门管理决策和各类市场主体生产经营活动提供更加完善的数据服务，为实现农业现代化取得明显进展的目标提供有力支撑。

2016年1月，国家发改委发布《关于组织实施促进大数据发展重大工程的通知》，重点推进数据资源开放共享，推动大数据基础设施统筹，打破数据资源壁垒，深化数据资源应用，积极培育新兴繁荣的产业发展新业态。

2016年3月，环保部发布《生态环境大数据建设总体方案》，大数据、"互联网＋"等信息技术已成为推进环境治理体系和治理能力现代化的重要手段，要加强生态环境大数据综合应用和集成分析，为生态环境保护科学决策提供有力支撑。

2016 年 6 月和 2018 年 4 月，国务院办公厅分别发布《关于促进和规范健康医疗大数据应用发展的指导意见》和《关于促进"互联网＋医疗健康"发展的意见》，通过"互联网＋健康医疗"探索服务新模式，培育发展新业态，努力建设人民满意的医疗卫生事业，为打造健康中国提供有力支撑。

2016 年 7 月，国土资源部发布《关于促进国土资源大数据应用发展的实施意见》，指出国土资源数据作为基础国情信息在国民经济和社会发展中发挥着极为重要的作用。通过国土资源调查、监测、评价和管理工作，积累了海量的基础地理、土地、地质矿产、地质环境与地质灾害防治和海洋等数据，这些数据对于各级政府部门的规划、调控、监管以及社会各界开展与空间和资源相关的活动等需求具有重要价值。

2016 年 7 月，中国煤炭工业协会、中国煤炭运销协会发布《推进煤炭大数据发展的指导意见》，建设煤炭大数据平台，依托互联网、云计算和大数据技术，汇集、整理和挖掘海量数据，对探索发展规律，及时、准确地分析预测产业走势，保障国家能源安全，促进行业转型升级和健康可持续发展具有重要意义。

2016 年 7 月，国家林业局发布《关于加快中国林业大数据发展的指导意见》，旨在充分发挥林业大数据在生态建设中的重要功能和巨大潜力，推进数据资源开放共享，积极培育林业发展新业态。

2016 年 8 月，交通运输部发布《关于推进交通运输行业数据资源开放共享的实施意见》，用数据说话、用数据决策、用数据管理、用数据创新，提升行业治理能力和服务水平，促进行业提质增效与转型升级。

2016 年 12 月，工信部正式发布《大数据产业发展规划

（2016—2020 年）》，以大数据产业发展中的关键问题为出发点和落脚点，明确了"十三五"时期大数据产业发展的指导思想、发展目标、重点任务、重点工程及保障措施等内容，成为大数据产业发展的行动纲领。

2017 年 5 月，水利部发布《关于推进水利大数据发展的指导意见》，旨在水利行业推进数据资源共享开放，促进水利大数据发展与创新应用。

2017 年 9 月和 2017 年 11 月，国家测绘地理信息局分别发布《智慧城市时空大数据与云平台建设技术大纲（2017 版）》（以下简称 2017 版《技术大纲》）和《关于加快推进智慧城市时空大数据与云平台建设试点工作的通知》。时空大数据与云平台是智慧城市建设的基础和先行，这两个文件的发布，是全国智慧城市时空大数据与云平台建设从试点探索到全面建设的重要转折点，尤其 2017 版《技术大纲》的发布对指导各地加快推进智慧城市时空大数据与云平台试点建设，加强与其他部门智慧城市工作的衔接，全面支撑智慧城市建设具有重要意义。

2017 年 9 月，公安部发布《关于深入开展"大数据＋网上督察"工作的意见》，开展"大数据＋网上督察"是新形势下提升警务督察效能的必由之路，对于推动警务督察工作与大数据应用深度融合，进一步规范各类警务活动和民警执法行为，促进公安工作和公安队伍建设健康发展具有重要意义。

2017 年 10 月，民政部发布《关于统筹推进民政信息化建设的指导意见》，改革和创新民政信息化发展理念、方式和途径，推动民政业务与信息技术深度融合。

2018 年 1 月和 4 月，教育部分别发布《教育部机关及直属事业单位教育数据管理办法》和《教育信息化 2.0 行动计划》，实施教育改革，发展智能教育，加快教育现代化，建设教育强国。

2018 年 5 月，银行保险监督管理委员会发布《银行业金融机构数据治理指引》，高质量的数据是提升银行经营管理效率和监管效能的重要基础，只有加强数据治理，才能在保证银行金融业快速发展的同时兼顾监管的效率。该指引的出台为银行业金融机构完善数据合规提供了依据。

2018 年 5 月，工信部发布《工业互联网发展行动计划（2018—2020 年）》，深入实施工业互联网创新发展战略，推动实体经济与数字经济深度融合，到 2020 年年底，初步建成工业互联网基础设施和产业体系。

（三）省市领导最强音

21 世纪，数据是新的"石油"，大数据引发的信息风暴将深刻改变人们的生活、工作和思维方式。中国正实施国家大数据战略，发挥大数据资源对经济社会发展的重要推动作用，大数据在不同区域和城市协同发展、共同发力的局面逐渐清晰。各省市领导集体喊话，发展大数据产业的迅猛势头已不可阻挡。

北京市委书记蔡奇："大力发展数字经济，深入实施大数据和云计算发展行动计划，深入研究区块链技术及应用，打造产业集群。优化电子政务，推进全市统一的基础公共云平台建设，进一步打破信息壁垒、提升服务效率，让百姓少跑腿、信息多跑路。精心打造智慧城市，多推出科技便民举措，为构建有效的超大城市治理体系提供有力支撑。"

——2018 年 5 月 26 日，蔡奇在北京市网络安全和信息化工作会议上的讲话上海市委书记李强："做大做强数字经济，推动互联网、大数据、人工智能和实体经济深度融合，大力提升社会治理智能化水平，进一步推动高质量发展、创造高品质生活。"

——2018 年 5 月 15 日，李强在上海市网络安全和信息化工作会议上的讲话

重庆市委书记陈敏尔："要满腔热情地拥抱大数据时代，大力实施以大数据智能化为引领的创新驱动发展战略行动计划，加强大数据智能化在产业转型升级、政府治理和民生保障等领域应用，为重庆经济社会发展'赋能'。"

——2018 年 1 月 27 日，陈敏尔在重庆市政协五届一次会议第一联组讨论上的讲话

天津市委书记李鸿忠："要立足'用'，以信息化引领天津经济社会发展。举起智能产业大旗，用好世界智能大会平台，加快构建大智能创新体系。全面推进智慧城市建设，深化'互联网＋政务服务'，坚决破除数据壁垒，坚持信息惠民，打通便民服务'最后一公里'。"

——2018 年 6 月 5 日，李鸿忠在天津市网络安全和信息化工作会议上的讲话

河北省委书记王东峰："全面加强资源整合和创新应用，抓好京津冀大数据综合试验区建设，重点打造张北、廊坊、承德、秦皇岛、石家庄等 5 个大数据产业基地，推动大数据、云

计算产业加速发展。"

——2018年5月2日，王东峰在河北省网络安全和
信息化工作会议上的讲话

山西省委书记骆惠宁："要不断强化改革创新，把握信息化发展趋势，加快发展'互联网＋'、智能制造等新产业新业态新模式，推动互联网、大数据、人工智能和实体经济深度融合，充分发挥信息化对转型发展的驱动引领作用。"

——2018年4月26日，骆惠宁在山西省十一届省委
第70次常委会议上的讲话

内蒙古自治区党委书记李纪恒："要加快推动产业数字化和数字产业化，全力推进信息基础设施建设和信息核心技术创新，不断提升大数据应用和信息惠民水平，着力推进网信军民融合发展，充分发挥信息化对经济社会发展的驱动引领作用。"

——2018年6月29日，李纪恒在内蒙古自治区网络
安全和信息化工作会议上的讲话

辽宁省委书记陈求发："要充分发挥信息化驱动引领作用，坚持以信息化带动工业化，以工业化促进信息化，加快发展集成电路、软件、数字智能产品、5G、工业互联网等网信产业，坚定不移支持网信企业做大做强，为推进网信工作提供坚强保障和有力支撑。"

——2018年7月5日，陈求发在辽宁省省委
座谈会上的讲话

吉林省委书记巴音朝鲁："要加快推动'数字吉林'建设，牢牢把握新一轮科技革命、产业变革的重大机遇，按照高质量发展要求，促进互联网、大数据、人工智能与实体经济深度融合，加快制造业、农业、服务业数字化、网络化、智能化，积极培育新产业新业态新模式，推进智慧社会、新型智慧城市和数字政府建设，全面提升全省数字经济发展层次水平，加快实现老工业基地全面振兴。"

——2018 年 4 月 28 日，巴音朝鲁在吉林省省委常委扩大会议上的讲话

黑龙江省委书记张庆伟："充分发挥信息化驱动引领作用，发展数字经济，推动互联网和实体经济深度融合发展，推动形成全要素、多领域、高效益的军民深度融合发展格局。"

——2018 年 4 月 23 日，张庆伟在黑龙江省委常委会议上的讲话

江苏省委书记娄勤俭："要充分发挥信息化对经济社会发展的引领和驱动作用，加快推动数字产业化、产业数字化，让人民群众在信息化发展中有更多获得感、幸福感、安全感。"

——2018 年 4 月 28 日，娄勤俭在江苏省委领导干部会议上的讲话

浙江省委书记车俊："当前，要坚定不移把数字经济作为'一号工程'来抓，加快推进'企业上云'行动，统筹抓好国家信息经济示范区等重大创新载体，特别要狠抓核心技术研发，力争在重点领域、重大技术上取得突破。要深入推进'最

多跑一次'改革，继续打破信息孤岛，加快推进政府数字化转型，不断提高宏观调控、市场监管、社会治理、公共服务的精准性和有效性。"

——2018 年 3 月 27 日，车俊在浙江省委网络安全和
信息化领导小组会议上的讲话

安徽省委书记李锦斌："要推动新旧动能齐转换，着力发展数字经济、完善基础设施、推进电子政务，实举措做强数字江淮的'新引擎'。"

——2018 年 6 月 15 日，李锦斌在安徽省网络安全和
信息化工作会议上的讲话

福建省委书记于伟国："加强大数据的综合管理、共享开发和开发利用，充分挖掘大数据价值，努力建设成为数字中国建设的样板。"

——2018 年 6 月 27 日，于伟国在福建省网络安全和
信息化工作会议和数字福建建设推进会上的讲话

江西省委书记刘奇："发挥信息化驱动引领作用，加快发展数字经济，大力扶持新一代信息技术产业，深入实施'互联网+'行动，积极改造提升传统产业，推动互联网、大数据、人工智能和实体经济深度融合，深入推进网信军民融合，以信息化培育新动能、推动高质量发展。"

——2018 年 5 月 24 日，刘奇在江西省网络安全和
信息化工作会议上的讲话

山东省委书记刘家义："更好发挥信息化对新旧动能转换的驱动作用，增创山东发展新优势。"

——2018 年 4 月 24 日，刘家义在山东省省级党员
领导干部会议上的讲话

河南省委书记王国生："充分认识信息化是一个地区发展的竞争力和后劲所在，围绕高质量发展，加快信息化建设，依靠信息技术创新驱动，大力发展数字经济，为产业发展插上智能化翅膀，加快制造业、农业、服务业数字化、网络化、智能化。"

——2018 年 4 月 25 日，王国生在河南省委常委
会议上的讲话

湖北省委书记蒋超良："培育经济发展新动能，大力发展数字经济，实施集成电路发展工程、'万企上云'工程和智能制造行动计划，充分利用互联网新技术新应用，加大对传统产业改造力度。"

——2018 年 5 月 24 日，蒋超良在湖北省网络安全和
信息化工作会议上的讲话

湖南省委书记杜家毫："要充分发挥信息化驱动引领作用，加快推进产业数字化和数字产业化，以数字经济助推经济结构调整和新旧动能转换。"

——2018 年 7 月 25 日，杜家毫在湖南省网络安全和
信息化工作会议上的讲话

广东省委书记李希："要推动制造业向高端跃升。深入实施创新驱动发展战略，集聚高端企业、高端人才，推动互联网、大数据、人工智能和实体经济深度融合，大力发展智能制造，加快实现从跟跑并跑向领跑转变。"

——2018 年 3 月 24 日，李希在广东省佛山市调研时的讲话

广西壮族自治区党委书记鹿心社："加快提升信息化发展水平，加强网络基础设施建设，加快推进中国—东盟信息港建设，大力推进'数字广西'建设，做大做强数字经济，推动网信军民融合深度发展，进一步推动信息服务便民惠民，为我区经济社会发展注入新动能。"

——2018 年 5 月 29 日，鹿心社在广西壮族自治区网络安全和信息化工作会议上的讲话

海南省委书记刘赐贵："充分发挥信息化的驱动引领作用，加快发展数字经济，推动海南经济高质量发展。"

——2018 年 5 月 27 日，刘赐贵在海南省网络安全和信息化工作会议上的讲话

四川省委书记彭清华："要大力发展数字经济，加快培育壮大集成电路、新型显示、智能终端、信息安全、大数据等重点产业，继续深入实施'全企入网、全民触网、电商示范、电商扶贫'四大工程，抓紧突破网信领域核心技术，不断培育经济发展新动能，推动经济高质量发展。要充分发挥信息化驱动引领作用，建设新一代信息基础设施，大力推进'互联网 +'

行动计划，推动网信军民融合深度发展，不断提升经济社会发展数字化网络化智能化水平。"

——2018 年 6 月 11 日，彭清华在四川省网络安全和

信息化工作会议上的讲话

贵州省委书记孙志刚："要着力在发挥信息化驱动引领作用上下功夫，坚定不移推进大数据战略行动，坚持'四个强化'，加快'四个融合'，大力发展数字经济，加快推进网信军民融合。"

——2018 年 4 月 24 日，孙志刚在贵州省委

常委会议上的讲话

云南省委书记陈豪："要优化升级信息网络基础设施，发展壮大数字经济，提升信息化条件下社会治理能力，促进网信军民深度融合发展，切实发挥信息化对经济社会发展的驱动引领作用。"

——2018 年 6 月 27 日，陈豪在云南省网络安全和

信息化工作会议上的讲话

西藏自治区党委书记吴英杰："把握数字化、网络化、智能化融合发展的契机，围绕高质量发展和绿色发展，大力实施以'神圣国土守护者、幸福家园建设者'为主题的乡村振兴战略，加快信息化发展，在'四化'同步中推进西藏长足发展和长治久安，让互联网发展成果惠及全区各族群众。"

——2018 年 7 月 20 日，吴英杰在西藏自治区网络

安全和信息化工作会议上的讲话

陕西省委书记胡和平:"要抓住信息革命历史机遇,用好信息化这个引擎,以信息化引领'四化同步'发展,以信息流促进人流、物流、能流、资金流快速流动、高效配置,以做强数字经济释放枢纽经济、门户经济、流动经济发展潜能,强化核心技术攻关,加快建设智慧社会,推进网信军民深度融合,助推新时代陕西追赶超越发展。"

——2018 年 5 月 30 日,胡和平在陕西省网络安全和
信息化工作会议上的讲话

甘肃省委书记林铎:"要错位布局信息产业发展,深度促进'两化'融合、军民融合,大力发展智慧民生和电商扶贫,充分发挥信息化的驱动引领作用。"

——2018 年 5 月 15 日,林铎在甘肃省网络安全和
信息化工作会议上的讲话

青海省委书记王建军:"要以信息化助推经济转型升级,加快推动数字产业化、产业数字化,加快发展大数据产业、特色软件服务业,加快网信军民融合工作。"

——2018 年 7 月 11 日,王建军在青海省网络安全和
信息化工作会议上的讲话

宁夏回族自治区党委书记石泰峰:"要大力发展数字经济,加快推进数字产业化、产业数字化,大力培育和发展一批有竞争力的网信企业,推动产业转型升级和创新发展。"

——2018 年 7 月 23 日,石泰峰在宁夏回族自治区
网络安全和信息化工作会议上的讲话

新疆维吾尔自治区党委书记陈全国："要建强产业，贯彻新发展理念，坚持以供给侧结构性改革为主线，大力发展数字经济，助推经济结构调整和新旧动能转换，以信息化推动高质量发展、搭建在线服务平台、保障改善民生，让各族人民在信息化发展中有更多获得感、幸福感、安全感。"

——2018 年 5 月 13 日，陈全国在新疆维吾尔自治区
网络安全和信息化工作电视电话会议上的讲话

（四）地方政府积极推动大数据产业发展

1. 各地争先出台大数据政策法规

目前，我国绝大部分省、市地区政府都组织编制了大数据发展规划，相继出台了大数据相关政策，积极推动地方大数据产业发展。

2014 年 2 月，贵州省人民政府印发了《关于加快大数据产业发展应用若干政策的意见》和《贵州省大数据产业发展应用规划纲要（2014—2020 年）》。该意见提出，到 2017 年形成 1 ～ 2 个大数据产业示范园区，引进和培育 30 户大数据龙头企业，聚集 500 户创新型大数据相关企业，通过大数据带动相关产业规模达 3 000 亿元，引进大数据领军人才 100 名，引进和培养高端人才 5 000 名，建成全国领先的大数据资源中心和大数据应用服务示范基地。该纲要提出，推动贵州省大数据产业稳步快速发展，到 2020 年，大数据带动相关产业规模达到 4 500 亿元；大数据产业体系基本健全，业务形态较为齐备，创新能力显著增强，安全保障能力明显提高；产业载体建设顺利推进，聚集一批具有较强市场竞争力的

骨干企业；数据中心布局合理，政府数据资源实现有效整合，大数据开放与管理机制初步建立，应用水平明显提高，以大数据引领和支撑贵州省经济社会转型发展的能力显著增强。

2016年4月，广东省人民政府办公厅印发《广东省促进大数据发展行动计划（2016—2020年）》，提出用5年左右时间，打造全国数据应用先导区和大数据创业创新集聚区，抢占数据产业发展高地，建成具有国际竞争力的国家大数据综合试验区。

2016年8月，北京市人民政府印发《北京市大数据和云计算发展行动计划（2016—2020年）》，明确提出到2020年，北京市大数据和云计算创新发展体系基本建成，成为全国大数据和云计算创新中心、应用中心和产业高地的战略目标。北京市将建成国内领先、国际一流的大数据和云计算基础设施；公共大数据融合开放取得实质性进展，实现公共数据开放单位超过90%，数据开放率超过60%，数据开放质量和使用效率大幅提升；打造10个以上大数据和云计算创新应用示范工程，提升政府治理、城市管理、公共服务、产业转型升级的智能化水平；培育20家以上面向全球的平台型龙头企业，大数据和云计算从业企业达到500家以上，打造千亿元级产业集群，形成首都新的经济增长点。

2016年9月，上海市人民政府印发《上海市大数据发展实施意见》，明确到2020年，上海基本形成数据观念意识强、数据采集汇聚能力大、共享开放程度高、分析挖掘应用广的大数据发展格局，使得上海大数据储备和承载能力达到EB级，政府数据服务网站开放数据集超过3 000项，上海的数据产品和数据服务交易额在国内领先。

截至2018年12月，全国主要省市均已制定发布了大数据相关政策文件，全力推动大数据产业发展。

经过几年的探索与实践，地方大数据发展的梯次格局初步显现。北京、广东、上海等发达地区产业基础完善、人才优势明显，成为发展的核心地区；而地处西部欠发达地区的贵州、重庆等地，通过战略创新形成优先发展优势，政府积极实施政策引导，引进大数据相关产业、资本与人才，也在区域竞争格局中形成了具有自身特色的产业优势。

2.设立大数据管理机构

截至2018年年底，我国31个省份机构改革方案全部出炉。综观各省份机构改革方案，多地还因地制宜，推出了各具特色的"自选动作"。从公开具体改革方案的省份来看，"大数据"已成为此轮省级机构改革中的一大亮点，全国已有多个省份设立了与"大数据"发展相关的全新机构，负责人工智能、云计算、大数据管理、信息化、智慧城市建设等方面的工作。

在此之前，许多市级层面的大数据局已陆续成立，但这次的改革方案，更多的是从省级层面布局数据管理。各省份大数据管理局的成立，表明当地政府已经充分认识到大数据的重要性，专职机构的设立也能够真正敦促、教育各级各部门更重视大数据建设，进而帮助当地政府更好地整理、汇集数据，为当地智慧城市的建设提供源源不断的燃料。

贵州省大数据发展管理局：2017年2月，贵州省将省公共服务管理办公室职责全部划入贵州省人民政府办公厅。将贵州省经济和信息化委员会承担的有关数据资源管理、大数据应用和产业发展（除电子信息制造业外）、信息化（除"两化融合"外）等职责，整合划入省大数据发展管理局。此外，贵州省信息中心（省电子政务中心、省大数据产业发展中心）调整由省大数据发展管理局管理。2018 年 11 月，《贵州省机构改革方案》公布，在因地制宜设置的机构中，决定组建省大数据发展管理局，作为省政府直属机构；不再保留省政府直属事业单位省大数据发展管理局。

福建省大数据管理局：在新一轮机构改革中，设置省政府部门管理机构数字福建建设领导小组办公室，由省发展和改革委员会管理，加挂省大数据管理局牌子。

山东省大数据局：为主动适应数字信息技术的快速发展，解决部门信息"孤岛"和信息"烟囱"问题，加快推进"互联网＋电子政务"，建设"数字山东"，在山东省政府办公厅大数据和电子政务等管理职责的基础上，组建省大数据局，作为省政府直属机构。方案称，这是为主动适应数字信息技术的快速发展，解决部门信息"孤岛"和信息"烟囱"问题，加快推进"互联网＋电子政务"，建设"数字山东"。

浙江省大数据发展管理局：按照党的十九大关于发展大数据、建设数字中国和智慧社会、提高社会治理智能化水平的部署要求，组建省大数据发展管理局，负责推进政府数字化转型和大数据资源管理等工作。通过组建这一机构，进一步加强互联网与政务服务的深度融合，统筹管理公共数据资源和电子政务，推进政府信息资源整合利用，打破信息"孤岛"、实现数据共享，进一步助推"最多跑一次"改革和政府数字化转型，加快推进"数字浙江"建设。

广东省政务服务数据管理局：为统筹推动"数字政府"建设，促进政务信息资源共享协同应用，提升政务服务能力，成立省政务服务管理局。

重庆市大数据应用发展管理局：将市经济和信息化委员会的人工智能、大数据、信息化推进职责，市发展和改革委员会的社会公共信息资源整合与应用、智慧城市建设职责等整合，组建市大数据应用发展管理局，作为市政府直属机构。

吉林省政务服务和数字化建设管理局：将省政府办公厅的电子政务建设、政务公开协调职责，省发改委、省工信厅等相关部门的省大数据建设项目和资金管理、政务信息系统整合共享、行政审批制度改革、"数字吉林"建设、优化营商环境建设等职责整合。

广西壮族自治区大数据发展局：为了更好地推进"数字广西"建设，充分利用中国—东盟信息港这一平台，完善"三位一体"、联动发展的大数据发展体系，加快培育新经济新业态，发展壮大新动能，力求赢得高质量发展主动权。

可以说，大数据管理局的设立为智慧城市的转型提供了有力抓手。尤其是省级政府成立大数据局，意图从政府层面以此进一步拉动当地经济和打造智慧城市，势必会在原有重视力度、支持力度等基础上再创新高。

3. 成立大数据交易机构

随着大数据技术的成熟和发展，大数据在商业上的应用越来越广泛，有关大数据的交互、整合、交换、交易的例子也日益增多，大数据交易所随之应运而生。目前，贵阳、上海、武汉、北京、河北、浙江、重庆等地都成立了大数据交易机构。

贵阳大数据交易所

在贵州省政府、贵阳市政府的指导和大力支持下，贵阳大数据交易所于 2014 年 12 月 31 日成立，2015 年 4 月 14 日正式挂牌运营，是我国乃至全球第一家大数据交易所。2015 年 5 月 8 日，国务院总理李克强批示贵阳大数据交易所：希望"利用'大数据＋'，形成'互联网＋'的战略支撑"。

秉承"贡献中国数据智慧、释放全球数据价值"理念，贵阳大数据交易所积极推动政府数据融合共享、开放应用，激活行业数据价值，志在成为全国重要的数据交易市场，打造国际一流的综合性大数据交易服务平台。通过自主开发的电子交易系统，提供完善的数据确权、数据定价、数据指数、数据交易、结算、交付、安全保障、数据资产管理等综合配套服务。

据新华社《经济参考报》报道，截至2019年3月，贵阳大数据交易所业已发展2 000多家会员，接入225家优质数据源，上线4 000多个数据产品，可交易数据涵盖电商、海关、能源、卫星等30多个领域。无论是会员数量，还是可交易数据种类与体量，大数据交易所均在我国大数据交易产业界处于领先位置，可谓满园芬芳。

贵阳大数据交易所已连续四年（2015—2018年）承办"数博会"专业论坛——中国（贵阳）大数据交易高峰论坛，发布《2016年中国大数据交易产业白皮书》《贵阳大数据交易观山湖公约》《大数据交易区块链技术应用标准》等成果，引领大数据交易产业发展。

贵阳大数据交易所还参与了国家大数据产业"一规划四标准"的制定，分别是工信部《大数据产业发展规划（2016—2020年）》，全国信标委《大数据交易标准》《大数据技术标准》《大数据安全标准》《大数据应用标准》，于2016年5月26日成为全国信标委"大数据交易标准试点基地"，2017年3月18日荣膺"全国信标委大数据标准工作组2016年优秀单位"。2018年年初，贵阳大数据交易所应邀参加国家科研项目"科技成果与数据资源产权交易技术"的研发。

上海数据交易中心

上海数据交易中心是经上海市人民政府批准，上海市经济和信息化委、上海市商务委联合批复成立的国有控股混合所有制企业。交易中心由上海市信息投资股份有限公司、中国联合网络通信集团有限公司、中国电子信息产业集团有限公司、申能（集团）有限公司、上海仪电控股（集团）公司、上海晶赞科技发展有限公司、万得信息技术股份有限公司、万达信息股份有限公司、上海联新投资管理有限公司等联合发起成立，注册资本2亿元人民币。

作为上海市大数据发展"交易机构＋创新基地＋产业基金＋发展联盟＋研究中心""五位一体"规划布局内的重要功能性机构，上海数据交易中心承担着促进商业数据流通、跨区域的机构合作和数据互联、政府数据与商业数据融合应用等工作职能。

（五）全球主要国家已把发展大数据上升为国家战略

随着大数据相关基础设施、产业应用和理论体系的完善，大数据也越来越被各界所了解，大数据正以爆炸式的发展速度蔓延至各行各业。一个国家掌握和运用大数据的能力成为国家竞争力的重要体现，各国纷纷将大数据作为国家发展战略，将产业发展作为大数据发展的核心。

对比世界各国的大数据发展战略可以发现三个共同点：一是政府全力推动，同时引导市场力量共同推进大数据发展；二是推动大数据应用在政府、企业等各个领域的全覆盖；三是重视数据资源开放和管理的同时，全力抓好数据安全问题。

1. 美国

美国是大数据变革的策源地和创新引领者，在全球范围内首次将大数据从商业行为上升至国家意志。前总统奥巴马自 2008 年 11 月上任即启动了政府数据开放共享，倡导技术研发。如今，来自市场的力量形成了完整的产业链链条，在数据结构化、非结构化、商业应用、第三方数据、数据强化、数据转化、数据整合、API 接口、统计分析工具、数据挖掘与探索、商业智能、数据合作、数据模型预测分析、自然语言处理、机器学习平台等细分层次，既有甲骨文、Cloudera、SPSS 这样的老牌巨头，也有 SnapLogic、Tamr、Quid、Palantir 等出色的、具有超级成长性的初创企业。

2009 年美国政府推出 data.gov，这是为增加政府资料透明度而设立的一系列网站，截至 2017 年 8 月，该网站拥有 180 多个机构提供的 195 384 个数据集，涉及农业、气候、教育、能源、健康等众多领域。同时，该网站是可交互的、可探索的、社会化的政府数据网站，网站提供了一个社区论坛，在这个论坛上，大家可以相互交流数据检索和使用心得。该网站还提供应用程序接口（API），美国民众可以开发自己的应用程序（APP）。

2012 年 3 月 29 日，美国白宫科技政策办公室发布《大数据研究和发展计划》，成立"大数据高级指导小组"。该计划旨在通过对海量和复杂的数字资料进行收集、整理，以增强联邦政府收集海量数据、分析获取信息的能力，提升对社会经济发展的预测能力。

奥巴马政府宣布投资 2 亿美元拉动大数据相关产业发展，将"大数据战略"上升为国家意志。奥巴马政府将数据定义为"未来的新石油"。奥巴马说，"未来，没有这样重量级的先进企业做支撑，即使靠传统产业像产油国家那样获得一时的繁荣，必将是不可持续的"。事实上，大数据已成为美国国家创新战略、国家安全战略、国家 ICT（Information Communications Technology，信息通信技术）产业发展战略以及国家网络安全战略的跨界领域，美国实际上已经确立了基于大数据的信息网络安全战略，目的在于解决当前的大数据核心技术挑战，全面强化未来的信息网络安全战略优势。

2. 欧盟

数据，被欧盟委员会认为是重要的创新资源，是继传统人力和金融资源之后又一重要的经济和社会资源。地理信息、统计数据、气象数据、研究数据、交通数据、能耗数据及健康数据，大数据已经成为引领科技创新、新工具、新技术开发的重要风向标。提高数据（尤其是大数据）的分析和处理过程，可以帮助欧盟地区产生大量的创新型信息产品和服务，使欧洲服务业焕然一新；通过商业智能的改进提高各个经济环节的生产力；充分解决当今社会所面临的诸多挑战；提高研究能力和加速创新；通过实现个性化服务来降低成本；提高公共部门效率。这些系列战略与计划都为欧盟开放数据、实施大数据战略保驾护航。

从总体上看，为了应对大数据时代的挑战，欧盟地区提出了"数字单一市场"（digital single market）的理念，并发布了 28 项指令，主要推出了 4 个方面的措施：数据价值链战略、资助大数据和开发数据领域的研究与创新、开放数据战略、开放获取。

其中的数据价值链战略是欧盟委员会正在推进、旨在获取数据（尤其是大数据）最大价值的战略计划，是对欧洲开放数据战略、云计算、高性能计算以及开放科学数据战略的巩固和补充。数据价值链即数据生命周期，从数据产生、验证、预处理，到以各种创新型产品和服务进行的利用与再利用，是未来知识经济的中心，将会给传统行业部门带来更多的数字发展机会。相关战略旨在培育一个包括软件企业、中小企业、数据密集型部门（公共和私人）、研究者、学术机构和投资者在内的、贯通的欧洲数据生态系统，刺激围绕数据进行的研究和创新，开发跨部门、跨语言和跨行业的产品与服务，采取加强能力基础建设、基础设施、标准、优惠的政策和法律环境等整套措施，以改善提取数据价值的环境框架。

欧盟在大数据领域最具代表性的成就之一是在数据领域的专项立法。《通用数据保护条例》和《非个人数据在欧盟境内自由流动框架条例》对个人数据和非个人数据的主体、客体、权利、义务、责任、公共利益保障、数据处理、数据流通、数据安全、数据监管等方面进行了全面、详尽的规范。相对于以前欧盟出台的指令性文件，《通用数据保护条例》和《非个人数据在欧盟境内自由流动框架条例》更具有系统性、规范性、强制力和可操作性，为世界关注和借鉴。

欧盟主要国家关于大数据的相关举措有：

（1）英国

英国政府开通了政府数据网站（data.gov.uk），通过这个公开平台发布政府的公开政务信息。这个平台的创建给公众提供了一个方便进行检索、调用、验证政府数据信息的官方出口。同时，英国人还可以在这个平台上对政府的财政政策、开支方案提出意见建议。英国希望通过完全公布政府数据，进一步支持和开发大数据技术在科技、商业、农业等领域的发展。

2012 年 5 月，英国成立世界上首个非营利的开放数据研究所（The Open Data Institute）。该研究所的一项重要使命就是把大数据应用到各行各业。

2013 年年初，英国商业、创新和技能部宣布，将注资 6 亿英镑发展 8 类高新技术，其中 1.89 亿英镑用来发展大数据技术。

2013 年 10 月 31 日，英国商务、创新和技能部发布《英国数据能力发展战略规划》，旨在使英国成为大数据领域的全球领先者，并使社会各界，如公民和消费者、企业界和学术界、公共部门和私营部门均从中获益。战略规划就如何提高英国数据能力进行了系统分析，并提出相关建议。

2015 年，英国政府投入 7 300 万英镑进行大数据技术的开发。包括在 55 个政府数据分析项目中开展大数据技术的应用；以高等学府为依托投资兴办大数据研究中心；积极带动牛津大学、伦敦大学等著名高校开设以大数据为核心业务的专业等。

2017 年 3 月，英国政府发布了《英国数字化战略》（*UK Digital Strategy*），其中设定了明确途径以帮助英国在启动并推进数字化业务、试用新型技术或者实施先进技术研究方面占据优势地位，并将此作为政府计划的一部分以将英国建设为一个现代化、具备动态的全球性贸易大国。另外，这份战略报告还将确保相关举措能够立足整体经济环境、社会乃至国家带来全面收益。《英国数字化战略》共包含七大方面战略任务。

连接性：为英国建立世界一流的数字化基础设施。

技能与包容性：为每个人提供掌握其所需数字化技能的途径。

数字化部门：让英国成为建立并发展数字化业务的最佳平台。

宏观经济：帮助每一家英国企业顺利转化为数字化企业。

网络空间：让英国提供全球最为安全的在线生活与工作环境。

数字化治理：确保英国政府在全球在线民众服务方面处于领先地位。

数据经济：释放数据在英国经济中的重要力量，并提高公众对使用数据的信心。

（2）法国

2011 年 7 月 13 日，法国工业、能源和数字经济部长埃里克·贝松宣布投资 20 万欧元，启动 Open Data Proxima Mobile（开放数据比邻移动）项目，希望通过该项目实现公共数据在移动终端上的使用，从而最大限度地挖掘其应用价值。项目内容涉及交通、文化、旅游和环境等领域。项目完成后，所有法国公民以及在法国旅游的欧洲公民都通过个人移动终端使用法国的公共数据。

2011 年 12 月，法国政府开通政府数据网站 data.gouv.fr，便于公民自由查询和下载公共数据。

2013 年 2 月，法国政府发布《数字化路线图》，列出 5 项将会大力支持的战略性高新技术，其中一项就是大数据。法国政府将以新兴企业、软件制造商、工程师、信息系统设计师等为目标，开展一系列投资计划，旨在通过发展创新型解决方案，并将其用于实践，来促进法国在大数据领域的发展。同时，法国将建立地方性数字化城区，提高法国数字化生态系统的能见度；法国数字经济部将建立一个数字化计划实验室，并与地方政府紧密合作，推动数字化工具的研发。

（3）德国

通过严格而系统规范的立法保障信息安全，德国成为欧洲典范。如今的相关法律对互联网等领域中个人数据的使用都作出了明确规定。1977 年，德国联邦层面的数据保护法生效；2009 年，对现行的《联邦数据保护法》进行了修改并生效，要求设立联邦数据保护与信息自由专员，监督政府机构在保护个人数据方面的行为。在联邦层面外，德国各州也都有自己的数据保护专员，以类似的方式监督各州政府机构的行为。

2006 年，德国向公众免费开放了德国官方所有的 GESTIS 等 7 个有毒有害物质信息数据库和德国气候变化预测图。德国电信和 Vodafone（沃达丰）通过开放 API，向数据挖掘公司等合作方提供部分用户匿名地理位置数据，以掌握人群出行规律。

德国联邦政府 2014 年通过《2014—2017 年数字议程》，提出在变革中推动"网络普及""网络安全""数字经济发展"三个重要议程，打造具有国际竞争力的"数字强国"，尤其是将信息化与"工业 4.0"战略结合起来，力主增强生产制造企业的大数据处理能力。

2016 年 3 月，德国联邦政府经济与能源部发布了《数字化战略 2025》，该战略提出实施十大行动计划，具体包括构建千兆光纤网络。

3. 日本

2012 年 6 月，日本政府 IT 战略本部发布电子政务开放数据战略草案，迈出了政府数据公开的关键性一步。为了确保国民方便地获得行政信息，政府将利用信息公开方式标准化技术实现统计信息、测量信息、灾害信息等公共信息，并尽快在网络上实现行政信息全部公开并可被重复使用。

2012 年 7 月，日本推出了《面向 2020 年的 ICT 综合战略》，提出"活跃在 ICT 领域的日本"的目标，该战略聚焦大数据应用所需的社会化媒体等智能技术开发，传统产业 IT 创新以及在新医疗技术开发、缓解交通拥堵等公共领域的应用。

2013 年 6 月，日本政府正式公布了新的国家信息化战略——《创建最尖端 IT 国家宣言》，全面阐述了 2013—2020 年日本以发展开放公共数据资源、深化大数据应用为核心的信息化国家战略，目标是将日本建设成为一个具有"世界最高水准的广泛运用信息产业技术的社会"。

4. 韩国

2011 年，韩国科学技术政策研究院（STEPI）正式提出"大数据中心战略"以及"构建英特尔综合数据库"，同时，设立专职部门制定应对大数据时代计划。2012 年，韩国科学技术委员会就大数据未来发展环境发布重要战略计划。此后，韩国政府把智慧城市的建设与大数据产业的发展结合在一起，相继发布了智慧城市服务、宽带基础设施、数据中心等方面的规划和政策。

2011 年提出的"智慧首尔 2015"计划，目标是使首尔到 2015 年成为世界上最方便使用智能技术的城市，建立与市民沟通的智能行政服务，建成适应未来生活的基础设施和成为有创造力的智慧经济都市。计划指出，公共数据已成为具有社会和经济价值的重要国家资产，首尔市将努力打造"首尔开放数据广场"，以促进信息技术和公共服务产业的进步和发展。

2013 年，在韩国总统朴槿惠"创意经济"的新国家发展方针指导下，韩国未来规划部提出了"国家级大数据发展计划"，以及《促进公共数据提供与推广基本计划（2013—2017）》等多项大数据发展战略。同时，韩国未来规划部和国家信息社会局（NIA）共同建设"韩国大数据中心"（Korea Big Data Centre, KBiG）。

5. 新加坡

新加坡资讯通信发展管理局（IDA）早在 2006 年就排出无线 @ 新加坡计划（Wireless@SG），希望在市区购物带和中心住宅区等人流密集区域实现免费无线上网，同时，推出智慧国家2015规划（iN2015）10年蓝图，致力于推动新加坡成为一个由信息技术所驱动的智慧国家与全球都市。

新加坡政策积极推进数据公开，data.gov.sg 是新加坡政府公开数据的平台，2011年6月启用，目前开放了来自60多个公共机构的8 600个数据集。2012年，新加坡政府公布了《个人资料保护法》（PDPA），旨在防范对国内数据以及源于境外的个人资料的滥用行为。

为了促进产业跟上未来的发展方向和趋势，新加坡资讯通信发展管理局（IDA）在2012年发布了第六次资讯通信技术路线图报告（Infocomm Technology Roadmap，ITR，2012）。此次报告中提出了九大技术主题，大数据（big data）即为其中之一。报告中IDA详细分析了大数据的概念、市场驱动、目前的技术情况等，并在此基础上提出了新加坡在大数据主流技术上的实施采用时间表，同时分析了新加坡在这些技术上的机遇和瓶颈。

近年来，新加坡加强了智慧城市的建设，并制定了大数据技术路线图，推动数据开放。2014年，IDA聘请了首任首席数据科学家，专门推进政府数据的开放和价值开发。新加坡政府又提出支持新加坡企业采用大数据技术，从大数据基础设施、政府服务、人才培养、技术研发和立法角度，推动大数据生态完善，以及在企业应用和政府服务中的落地。

大数据是高质量发展的助推器，在新的科技发展形势下，固有的竞争格局将会被打破，只有利用大数据技术不断为产业转型升级注入新的动力，才能在向更高层次的产业革命迈进的过程中占得先机，从而实现综合国力和国家竞争力的弯道超车。

6. 以色列

以色列一直以强大的科技创新能力闻名于世。在大数据产业兴起以后，以色列诸多科技创新公司迅速挖掘大数据运用潜力，并将之融入企业运作各个环节，为以色列在科技创新领域不断取得突破增添了新的动力源。以色列已经成功地将大数据应用于城市反恐、城市治安、新型农业、健康医疗及教育等领域。

在城市反恐安全案例中，当以色列重要政府机构门口监控摄像头拍摄到禁止停车区域有车辆停放，城市人工智能分析系统立即发现异常并启动警报通知监控中心工作人员。监控人员通过智能系统提供的该区域动态变化信息立即发现司机下车后已搭乘另一辆车离开，评估有车辆炸弹袭击风险，迅速通知就近警务人员到现场勘查，发现车底爆炸物并及时排除危险。同时，城市人工智能分析系统还会通过城市监控大数据筛选该车司机相关信息及逃逸车辆行踪，配合对嫌犯展开追踪和逮捕。另外，当数据库记录在案的恐怖分子或危险人物进入城市，人工智能分析系统也会启动警报以提示相关部门对其进行监控。

而在城市治安和秩序维护方面，当监控视频拍摄到栅栏、社区围墙、建筑物外壁等敏感区域有人出现时也会立刻启动报警，以提醒监控人员关注是否有违法犯罪事件；当出现交通事故或大规模拥堵时会发出警报，提醒监控人员协调交通部门进行疏导；当城市基础设施出现不正常状况，如垃圾站点满溢、违章停放车辆占用行人及自行车道等情况，也会立即启动警报，提醒监控人员派人处理。

以色列超过一半的土地为荒原和沙漠，农业发展的自然条件十分严酷，但以色列人民用自己的智慧和创造力走出了一条高科技农业发展道路。经过多年的努力，以色列在水利灌溉技术、农业自动化、机械化和信息化等技术领域已走在世界最前列。而大数据的运用使以色列本就高度发达的农业实现了再一次飞跃。

以色列农业有较高的信息化和数字化基础，诸多农业技术创新公司利用大数据帮助以色列农民，根据不同农场的具体情况提供更加个性化的耕种方案。以色列农业技术企业 Taranis 利用大数据分析法推出了包括预测天气、灌溉和病虫害状植物模型技术，该技术利用卫星图像、作物实地生长报告及当地病虫害分布等大数据资源建立植物生长模型，随时采取可视化数据并预测植物病虫害风险和气候变化，使农民能够根据预测数据进一步精确雾化灌溉设备的阈值及方向、肥料及杀虫剂使用数量等，增加产量，降低成本。

此外，大数据资源在以色列全民健康和数字教育领域也得到了广泛运用。2018 年 3 月 25 日，以色列议会通过全民数字健康项目，将斥资 2.75 亿美元用于为全国近 900 万公民建设健康医疗领域"大数据库"，以实现针对每个公民的情况量身打造个性化预防性药物、疾病诊断及治疗方案。在教育方面，海法大学校长古斯塔沃告诉记者，虽然由于版权原因，以色列高校图书馆书籍资料仍不能完全实现互通共享，但以色列在公共教育资源数字化建设方面已经取得了卓越成效，除核心学科学习资源外，许多珍贵的学习资料都可以在公共网络资源中找到，为广大学子共享以色列先进的教育资源提供了巨大平台。

四、数据治国：数字政府引领下的中国

（一）大数据成为提升政府治理能力的新途径

习近平总书记在主持十九届中共中央政治局就实施国家大数

据战略进行第二次集体学习时强调，要运用大数据提升国家治理现代化水平。要建立健全大数据辅助科学决策和社会治理的机制，推进政府管理和社会治理模式创新，实现政府决策科学化、社会治理精准化、公共服务高效化。要以推行电子政务、建设智慧城市等为抓手，以数据集中和共享为途径，推动技术融合、业务融合、数据融合，打通信息壁垒，形成覆盖全国、统筹利用、统一接入的数据共享大平台，构建全国信息资源共享体系，实现跨层级、跨地域、跨系统、跨部门、跨业务的协同管理和服务。要充分利用大数据平台，综合分析风险因素，提高对风险因素的感知、预测和防范能力。要加强政企合作、多方参与，加快公共服务领域数据集中和共享，推进同企业积累的社会数据进行平台对接，形成社会治理强大合力。要加强互联网内容建设，建立网络综合治理体系，营造清朗的网络空间。

大数据的运用可以帮助政府提升工作效率和水平，为治理模式创新提供新的工具和手段。传统的行政模式受技术条件限制，往往基于宏观情况开展决策、实施监管和提供服务，这容易造成决策不够科学、监管不够充分、服务不够细致等问题。随着大数据技术的发展，政府工作过程可以实现全流程数据化记录，为深度分析、过程回溯、事后监管、优化服务等工作提供可靠依据，并为快速落实责任，及时发现、处置问题提供便利条件。同时，传统的社会治理模式中存在社会主体有效参与程度不足、情况发现和处置不及时等问题。运用大数据，可以让更多社会力量参与到社会治理过程中。对社会运行中产生的数据进行挖掘分析，也有助于更全面、快捷、直观地了解社会运行情况，从而使社会治理更加精准、更有预见性。

（二）大数据促进民生服务模式多样化

我国作为世界第一人口大国，民生问题一直都是各级政府工作的重中之重，民生问题直接影响着人民群众的切身利益，是人民群众最关心的问题。如何有效地将大数据与民生福利相结合将是互联网时代下的一项重大议题。

我国政府部门高度重视大数据在民生领域的应用。自 2012 年以来相继出台了一系列政策支持大数据的发展与应用，国内大数据公司也积极开展大数据在教育、健康、扶贫、旅游以及公共安全等民生领域的研究和应用，并取得了很多的成果，"智慧医疗""智慧交通""智慧旅游"等大数据应用概念与成果已经开始为人们的日常生活提供便捷与保障。

1. 运用大数据保障和改善民生是惠民利民的必然选择

习近平总书记在十九届中共中央政治局第二次集体学习时指出，要运用大数据促进保障和改善民生。随着大数据技术与传统行业的深度融合及创新发展，健康医疗、治安管理、交通等社会场景也越来越多地应用大数据，数字化、网络化、智能化服务无处不在。大数据技术的应用为解决民生问题提供了新途径，通过推动民生大数据开放共享，促进数据融合和资源整合，深化民生大数据的挖掘与分析，将极大地改善民生问题，全面提升民生综合服务类型与质量。用好大数据在保障和改善民生方面的作用，为居民提供基于大数据的衣食住行生活服务，这充分符合以人民为中心的发展思想，真正实现让百姓少跑腿、数据多跑路，不断提升公共服务均等化、普惠化、便捷化水平。

2. 大数据能够增进民生福祉

大数据能够解释传统技术方式难以实现的关联关系，推动数据资源开放共享，促进社会事业数据的融合和资源的整合，从而优化提升民生服务，激发社会活力。

教育是民生之基。党的十九大提出优先发展教育事业。建设教育强国是中华民族伟大复兴的基础工程，必须把教育事业放在优先位置，加快教育现代化，办好人民满意的教育。将大数据与现代教育深度结合，发挥创造性，改善教育质量，驱动个性发展。通过大数据技术分析教育教学状况，让教师了解自身教学方式的优势和不足，以便教师及时调整方式方法，扬长避短，提高教育教学水平。同时，充分发掘学生的"个性化"，让在某些方面有特长的学生得到正确的指导和培养，让其成为栋梁之材。

健康是民生之需。党的十九大提出实施健康中国战略。对于全国各级医疗卫生主管部门，大数据应用于分析本地居民的健康状况、发现疾病发病规律、科学配置医疗资源、开展疫情监测和预警等。对于医院、医生，大数据可以应用于疾病研究、辅助看病等方面，提高医疗机构临床决策智能化水平和远程病人监控精准化水平。

就业是民生之本。大数据能够为政府解决民众就业问题提供决策支撑，预测出某一地区的经济状况、收入动态、失业率等情况。此外，大数据还能够对扶贫对象是否已脱贫、是否还需对其继续扶贫以及对相关的扶贫项目做进一步研究，利用大数据分析和预测出某一指定地点的失业率及收入状况等，为扶贫项目提供决策依据。

社保是民生之盾。党的十九大提出加强社会保障体系建设。

按照兜底线、织密网、建机制的要求，全面建成覆盖全民、城乡统筹、权责清晰、保障适度、可持续的多层次社会保障体系。对于全国各级人力资源和社会保障部门，大数据应用于城乡居民就业分析、缴纳社保情况分析，杜绝骗保、冒领养老金等违法违规行为。

运用大数据保障和改善民生是一项复杂的系统性工程，不是一蹴而就的，在具体推进大数据民用过程中有诸多复杂的矛盾和工作。在基础建设方面，既要为数据应用做好技术准备，又要保障数据安全；在应用创新方面，需要通过多种手段构建数据生态，让社会各界积极参与数据应用创新；在体制机制方面，要积极推动相关制度、政策、标准的拟订，为民生数据发挥更大价值创造条件；同时还需要推动各级政府简政放权，优化政府服务。

（三）数据治国的三要素

当前，各级政府掌握着最大体量的数据资源，与大数据预警、预测、智能、决策四大功能相结合，产生了核聚变式的变革能量。提速政府数据资源开放共享，启动政府大数据资产运营，创新政府大数据应用普及，最大限度地盘活了政府手中公安、交通、医疗、卫生、就业、社保、地理、文化、教育、科技、环境、金融、统计、气象等海量数据，为各级政府提高社会治理能力、践行数字化决策提供了方法论。大数据应用，使政府治理与决策更加精细化、科学化。大数据协助政府与民众的沟通建立在科学的数据分析之上，优化公共服务流程，简化公共服务步骤，提升公共服务质量。依托大数据，数字政府可以通过大数据的深度挖掘和关联数据分析，实现智慧的服务，促进公共服务能力与水平的全面提升。大量的政府大数据应用横空出世，将见证中国各级政府向数字政府转型的变革之路。

关于数据治国，可以从以下三个要素来理解。

其一，数据资源。IDC（互联网数据中心）预计，我国到 2020 年数据总量将达到 8.4ZB，占全球数据总量的 24%，届时将成为世界第一数据大国和"世界数据中心"。其中，80% 的数据资源集中在政府，为数据治国提供了丰厚的基础。习近平总书记指出，要形成覆盖全国、统筹利用、统一接入的数据共享大平台，构建全国信息资源共享体系，实现跨层级等的协同管理和服务。

其二，数据技术。大数据技术是现代科学与技术发展，尤其是计算机科学技术发展的重要成果和结晶，是科学发展史的又一新的里程碑。大数据的出现对计算机科学技术的许多领域提出了挑战与冲击，推动了信息技术的发展。然而，在大数据技术逐步走向成熟的过程中，并非所有的技术都能生存下来。只有符合未来发展趋势的技术才会被用户、被技术开发人员所接受。

其三，数据应用。从某种意义上讲，数据治国是宏观领域、系统性的综合数据应用，由万千类似于"中国天网"一样的子应用共同组成。综观全国，这类子应用蓬勃兴起，有力支撑了"平安中国"等的建设。一般而言，政府部门既是数据资源的拥有者，又是数据应用的需求方，企业主要是数据技术拥有者与实施方，二者合作有利于数据治国的落实。

大数据应用，使政府治理与决策更加精细化、科学化。大数据协助政府与民众的沟通建立在科学的数据分析之上，优化公共服务流程，简化公共服务步骤，提升公共服务质量。依托大数据，数字政府可以通过大数据的深度挖掘和关联数据分析，实现智慧的服务，促进公共服务能力与水平的全面提升。报告显示，大数据技术在政府领域的广泛应用，促进了国家治理体系和治理能力现代化。如利用互联网和大数据技术，提升党建水平；将大数据技术应用于电子政务，提升治理现代化水平。此外，在网络空间治理、司法、精准扶贫、金融风险防范、生态环境治理、社会信用等领域，大数据技术的深入应用，取得了显著的成效。

第二章

过去30年土地财政与未来100年数据财政

一、土地财政对中国发展的贡献

（一）如何理解土地财政

探讨土地财政相关的话题，首先需要明确何谓土地财政。

目前，我国地方政府财政收入主要包括一般公共预算收入、政府性基金收入、转移性收入三个主要来源。地方一般公共预算收入由税收和非税收入构成，其中税收包括增值税、营业税、企业所得税等共计20个税种，非税收入包括国有资产经营收入、海洋场地矿区使用费、行政性收费以及罚没收入等7项专项收入。政府性基金收入也称为专款收入或预算外收入，指具有专门用途或对应的支出科目的财政收入，主要包括：工业交通、商贸、文教、农业等部门的专项基金收入、社会保障基金收入、地方财政税费附加收入和基金预算调拨收入等。转移性收入一般指由上级政府划拨的财政专门款项。

除个别特殊地区，现阶段地方政府财政收入主要来源于一般公共预算收入和政府性基金预算收入两方面。从地方政府财政收入的具体构成来讲，一般公共预算收入，特别是税收收入在财政收入中的占比是最主要也是最直接反映城市经济发展水平、财政实力和健康程度的指标。在非税收入方面，随着地方国企改革的不断深化，国有资本经营预算收入占比已非常小。政府性基金收入一般分为九大类[1]，其中土地有偿使用收入就是指地方政府通过出让土地使用权获取土地出让金所获得的收入，也就是通常意义上理解的土地财政。现阶段在很多地方土地财政成为政府性基金收入的主要来源，在一些地方比重甚至超过地方财政总收入的50%。从广义的角度上讲，土地财政除了包括土地出让金收入外，还应将国有土地收益基金收入、农业土地开发资金收入、房地产相关税收以及土地抵押融资收入，甚至可以将一些地方通过提供廉价土地，吸引并发展起来的产业以及带动聚集的人口所产生的相关联的税收和行政性收入纳入土地财政的范畴，即土地财政包括所有以土地资源为基础要素所产生的直接或间接的政府财政收益。

　　回溯土地财政的发展历程，目前，国内普遍认为 20 世纪 90 年代的分税制改革是土地财政发展的开端。在这次改革之前，中国财政制度从最初的统收统支，逐步发展为改革开放后推行的分区域地方对中央包干制。在大包干的财政体制下，中央根据自己的开销预算，要求地方每年固定上交多少财政收入，多出的归地方自行支配，简单来说就是"交够中央的，剩下都是自己的"。这种财政体制在实施之初，有效地调动了各级政府的积极性，地方

---

　　[1]　政府性基金收入包括：工业交通部门基金收入、文教部门基金收入、社会保险基金收入、农业部门基金收入、土地有偿使用收入、政府住房基金收入、其他部门基金收入、地方财政税费附加收入和其他，其中社保基金收入独立核算，专款专用。

财政收入和财政支出都得到稳步增长，促进了区域经济发展和人民物质文化生活水平的提高。但随之而来也引发了区域发展不平衡、中央对地方的协调能力变弱等方面问题。为解决这些问题，国家在 1994 年启动了分税制改革，用中央与地方的分税制替换之前的财政承包制。改革增加了中央财权，使当时国家财政体系纵向和横向不平衡的矛盾得以缓解，但同时比较稳定的和增长性强的税种基本都划入了国税的范畴，单纯依靠地方税很难支撑地方政府推进社会经济发展的财政支出需求，迫使财力不足的地方政府将目标转向地方国有企业、户口、土地等资源。分税制改革同步实施的土地出让金收益划归地方政府，奠定了地方财政转向土地财政的基础。而 1998 年开始启动的住房产权集体所有制向个人私有制的房产改革，引发房地产市场的快速发展，拉动土地出让价格不断上涨，又进一步推动了土地财政的增长。

多年来，作为土地的唯一卖方，地方政府通过出让土地获得了数量可观的收入，这部分收入除征地拆迁补偿等支出外，净收益部分主要投向了城市基础设施建设，有力地推动了城市化进程的发展。土地财政模式使地方政府通过出让土地使用权完成了城市的原始资本积累，以此推动城市的工业化与城镇化发展，正向作用十分显著。

正常情况下，城市通过发展产业并完善基础设施带动资产升值，同时吸引人口流入，进而产生新的购房需求，带动房地产实现平稳增长。但在实际市场运行中，政府与其他市场主体一样，有明显的顺周期市场行为，且地方政府作为土地唯一供应方，对市场节奏的影响力更为突出，因而对市场周期的影响也超过其他主体。

在上行周期的启动阶段，货币信贷环境宽松，因此房企获得更多的低成本资金用于拿地，土地市场竞争激烈，土地溢价较高；而地价上涨必然会导致房价上涨，上涨预期一旦形成，将使大量需求提前入场，甚至出现大量投资投机需求，导致供求矛盾加剧，进一步推动地价与房价上涨。在此过程中，地方政府获得较多的土地出让收入，土地财政依赖度提升。

而在市场下行初期，市场流动性收紧，调控升级，购房者观望情绪上升，市场运行速度下降，企业资金链趋于紧张，拿地节奏放缓，而地方政府初期为维持出让收入的总量规模，会倾向于多出让土地，造成供应加大，加速市场下行速度，但随着流拍、底价成交成为主流，地方政府供地意愿也将明显下降，土地出让收入显著回落。

（二）土地财政的发展现状

过去 30 年，在地方财政收入体系中呈现土地出让金收入所占比重不断增长，财政对土地资源依赖程度持续提升。在此期间，土地财政帮助城市完成原始资本积累，保障了地方开展现代化和城镇化建设的能力，有效地推动了国民经济的快速发展和国家综合国力的提升，是特殊历史阶段和发展环境下地方政府的合理选择。

自土地财政模式出现以来，随着土地出让制度的逐渐完善，我国土地出让收入保持了较为平稳的增长态势。自 1987 年 12 月 1 日深圳组织全国第一次土地拍卖会，到 1995 年，全国通过出让方式提供用地 43 403 公顷，出让金总额为 420 亿元[①]，平均每年 400 亿至 600 亿元的卖地收入基本保持到了 2000 年。2005 年全国

---

① 　中国土地年鉴编辑部：《中国土地年鉴（1996）》，中国大地出版社 1996 年版。

共有偿出让土地 165 584 公顷，取得土地出让收入 5 883 亿元，每公顷土地出让收入折合 355.3 万元。与 1995 年相比，国有建设用地出让金收入、每公顷土地出让金收入（土地价格）分别增长了 16.7 倍、3.6 倍。到 2010 年全国土地出让收入已经达到 2.91 万亿元，首度迈进 2 万亿元大关。近 5 年，土地出让收入更是屡创新高，2014—2018 年，全国土地出让收入分别达到 34 294 亿元、32 547 亿元、37 457 亿元、49 997 亿元和 65 095 亿元，年均增长率达到 17%[①]。

2018 年，全国地方本级一般公共预算收入为 97 904.5 亿元，较上年增长 7%；地方政府性基金预算收入中，国有土地使用权出让收入为 65 095.85 亿元，增长 25%。国有土地使用权出让收入占地方本级一般公共预算收入比例达到 66.5%，较 2017 年提高了 11.5 个百分点，已超过历史最高的 2011 年（63.3%）、2013 年（59.8%）的水平。从全国总体水平来看，地方政府对土地财政的依赖度偏高且仍在不断加剧，土地财政在政府财政收入体系中占有重要的地位，土地出让收入仍是很多地方政府财政收入的主要来源[②]。在近 3 年全国整体土地财政依赖度持续攀升的发展背景下，各级各类城市的土地出让收入呈现不同特征。其中，二线城市因处于城市快速扩张期，需求旺盛，市场热度高，供地规模大且房企竞争激烈，导致土地出让收入较高，土地财政依赖度在各线城市中最高。三四线城市自身经济体量有限，抗风险能力不足，但在棚户区改造及行业上行周期带动下，部分城市土地出让收入大幅增长，土地财政依赖度总体上较上年仍有一定的提高。而一线城市产业相继转型，逐渐进入后工业化阶段，城市发展开始以运

---

① 数据来源于《中国国土资源年鉴》（1999—2017 年）。
② 数据来源于国家财政部历年关于中央和地方预算执行情况与下年度预算草案的报告。

营存量为主，土地财政依赖度处于较低水平。

土地出让金与房地产市场发展紧密相关，增速呈现明显的周期性波动，通常土地出让收入的增长或源于土地供应增加，或源于地价上涨，而自2016年以来，这两种情况同时出现，带动土地出让收入大幅增长。税收增长平稳而土地出让收入因上行周期而加速增长，因此导致地方政府对"土地财政"的依赖度仍在不断提升。但随着国家对房地产市场调控政策的持续深化，"房住不炒"思想的逐步落实，各地土地拍卖条件升级，叠加房企融资环境收紧、偿债压力加大等因素，企业拿地趋于谨慎，可以预计，在不久之后地方政府土地出让收入将面临新一轮的调整和波动。

（三）土地财政引发的问题

由于土地资源不可再生的特殊性，过度依赖土地财政的模式是不健康的，同时也是不可持续的。土地财政的过快增长和过度发展带来相应的负面效应，主要体现在土地财政间接上导致房价过快上涨，同时推高地方债务的潜在风险；高房价带来的人力成本上升，对实体产业产生挤出效应，造成产业空心化；房价问题还进一步引发市场投机行为盛行，损害社会公平、固化贫富差距；房地产行业的高库存和高债务则暗含系统性金融风险。这些问题如不能得到及时有效的解决，将成为经济发展的潜在隐患，在当今瞬息万变的国际社会环境和经济形势下，一旦爆发，其影响将不亚于曾经的"大萧条""金融风暴""主权债务危机"。

第一，土地财政强化了不动产的投资属性。近年来，政府屡次颁布调控房价的政策都难以取得良好的效果，有些调控手段甚至刺激市场造成反向效果和报复性反弹，其中一个重要的原因就是没有认清问题的本质，试图通过简单的行政手段让商品房市场回归到按需供给的普通交易品市场模式，而没有以对待资本品市场应有的方式进行住房市场的管理工作。土地财政的本质是以土地资源的使用权和经营性收益为基础的社会性融资，这就决定了土地资源的基础价值以及增长性预期，同时赋予了土地资源上附着的住宅、商业建筑投资品属性。只要土地财政的基础不发生改变，不动产就不可避免地继续承载吸纳社会投资的角色功能。在客观市场规律的作用下，无论采用什么样的手段调控住房市场，只要综合收益高于股票、黄金、储蓄、外汇等投资渠道，资金就会继续流入不动产市场，进一步推高房价。

第二，拉大贫富差距。土地财政在为地方政府带来可观收益的同时，也给具有一定购买投资能力的企业和个人快速积累财富提供了通道。靠投资不动产在一代人之内完成数代人都不敢想的巨额财富积累的故事，成为过去10年"造富梦"的最好注脚。与此同时，没有能力和机会参与投资城市不动产者的经济水平则被迅速地拉开。房价上涨越快，贫富差距越大。由于拥有不动产的人即使不付出任何努力，财富水平也会随着土地和房产价值的增长自动增加，而没有不动产的人，在高企的房价面前，需要付出数倍甚至数十倍的代价来获取不动产，即使如此机会也会越来越渺茫。这样的发展模式破坏了社会财富分配的公平性，加剧了社会贫富分化，引发了不看重努力只注重回报的投机思想盛行。

第三，占用大量资源。如果说当前的中国经济结构存在"不协调、不平衡、不可持续"的问题，房地产市场难辞其咎。同虚拟的股票甚至贵金属不同，以不动产为信用基础的融资模式，会超出实际需求制造大量只有信用价值却没有真实消费需求的"鬼楼"甚至"鬼城"。为了生产这些信用，需要占用大量土地，消耗掉本应用于其他发展项目的宝贵资源。资本市场就像水库，可以极大地提高水资源的配置效率，灌溉更多的农田；但是，如果水库的规模过大并因此而淹没了真正带来产出的农田，水库就会变为一项负资产。

第四，金融风险。土地财政的金融风险主要体现在土地抵押融资方面。土地财政的本质是以土地资源为抵押物的融资，地方政府通过融资平台进行土地抵押获得融资的方式存在着举债方式随意、举债程序无序的特点，导致土地抵押融资规模难以有效控制。这种融资模式还款来源主要是土地价值增值后的出让金收入，这种融资方式一旦遇到市场低迷，就会与房地产行业的高库存和高债务暗含的系统性金融风险叠加，造成更为严重的后果。

第五，财政风险。土地财政作为以有限的土地资源为基础的财政收益方式，虽然土地价格不断增长带来土地财政收入的增加，但土地资源总量并没有发生实质改变，随着可利用土地资源逐步变少，地方政府的财政收入增长将失去保障。一些地方政府过度依靠土地财政，大量开发和拍卖土地获得一次性土地出让金，透支未来的财政收入，是一种寅吃卯粮的发展方式，必然不可持续。

土地财政在城镇化发展初期的特定阶段起到了关键的历史作用，但不论过往取得了多大的成功，也不能保证其能够适用于我们国家当下以及未来的所有发展阶段的需求。没有一成不变的发展模式，土地财政也是如此。随着新型城镇化进程不断深化，社会经济发展稳步推进，土地资源在国家经济体系中的核心位置也逐步被其他要素所取代，土地财政应该也必然会逐渐退出并转变为更可持续的增长模式。

二、数据财政：土地财政后时代的历史选择

（一）数字经济成为时代发展主流

当前，以云计算、大数据、物联网、人工智能、虚拟现实等为代表的新一代信息技术飞速发展并与社会经济发展快速融合，以数字化技术和数据资源为核心要素的新经济茁壮成长，引领人类社会由工业经济时代向数字经济时代迈进。伴随世界经济加速向以网络信息技术产业为重要内容的经济活动转变，数字经济正深刻地改变着人类的生产和生活方式，成为经济增长新动能。

数字经济以使用数字化的知识和信息作为关键生产要素，以现代信息网络作为基本载体，以信息网络技术的有效使用作为效率提升和经济结构优化的重要推动力的一系列经济活动。数字经济主要包括数字产业化和产业数字化两个方面：数字产业化，也称为数字经济基础部分，即围绕数据归集、传输、存储、处理、应用等数据链各环节，形成的技术、产品和服务等有关产业，主要包括电子信息制造业、软件和信息服务业、信息通信业，以及大数据、云计算、人工智能等新一代信息技术产业；产业数字化，也称为数字经济融合部分，即信息通信技术与传统产业广泛渗透融合，促进产出增加和效率提升，催生新产业新业态新模式，主要包括以智能网联汽车、智能无人机、智能机器人等为代表的制造业融合新业态，以移动支付、电子商务、共享经济、平台经济为代表的服务业融合新业态。发展数字经济已经成为全球共识，为世界各国、产业各界、社会各方广泛关注。全球新一轮科技革命和产业变革正在孕育兴起，美国、欧盟等世界发达国家纷纷将

数字经济作为振兴实体经济、培育经济新动能的重要战略，积极抢占全球产业竞争制高点。我国是经济大国、互联网大国，也是数字经济大国，发展数字经济，是紧跟时代步伐顺应历史规律的发展要求，是着眼全球提升国际综合竞争力的客观要求，是立足国情推动新旧动能接续转换的内在要求。近年来，我国高度重视数字经济发展。党的十九大报告提出要推动互联网、大数据、人工智能和实体经济深度融合，在中高端消费、创新引领、绿色低碳、共享经济、现代供应链、人力资本服务等领域培育新增长点，形成新动能。

2017 年 12 月 8 日，习近平总书记在主持十九届中共中央政治局就实施国家大数据战略进行第二次集体学习时强调，要构建以数据为关键要素的数字经济，坚持以供给侧结构性改革为主线，加快发展数字经济，推动实体经济和数字经济融合发展，推动互联网、大数据、人工智能同实体经济深度融合，继续做好信息化和工业化深度融合这篇大文章，推动制造业加速向数字化、网络化、智能化发展。

在 2018 年 7 月举办的 G20 峰会上，习近平总书记指出，我们要主动适应数字化变革，培育经济增长新动力，积极推动结构性改革，促进数字经济同实体经济融合发展。

在 2018 年《政府工作报告》中，李克强总理多处提到了数字经济相关内容，提出深入开展"互联网 +"行动，实行包容审慎监管，推动大数据、云计算、物联网广泛应用，新兴产业蓬勃发展，传统产业深刻重塑。数字经济已成为我国以信息化培育新动能、用新动能推动新发展的重要聚焦，是构建现代化经济体系、由经济大国向经济强国迈进的必然战略选择。

（二）数据资产以三大价值赶超土地价值

如同农业经济时代以劳动力和土地、工业经济时代以资本和技术为核心生产要素一样，数字经济时代，数据成为新的关键生产要素。随着数字经济的逐步发展，全球数字化进入全面渗透、跨界融合、加速创新，引领发展新阶段。在社会数字化进程中，覆盖社会经济生产生活各领域的海量数字设备通过采集录入、信息系统运行交互不断地产生出规模庞大的数据。数字经济与经济社会的交汇融合，特别是互联网和物联网的发展，引发数据爆发式增长。人类社会总数据量每年增长50%，每两年翻一番。迅猛增长的数据已经成为社会基础性战略资源，在这些关联的、非关联的，结构的、非结构的数据中蕴含着巨大的潜在价值。随着数据存储和计算处理能力的进步，数据的价值创造潜能不断被发掘和释放。当前人类社会95%以上的信息以数字格式存储、传输和使用，数据渗透社会生产生活的方方面面，推动人类价值创造能力发生新的飞跃。由网络所承载的数据、由数据所萃取的信息、由信息所升华的知识，正在成为企业经营决策的新驱动、商品服务贸易的新内容、社会全面治理的新手段。更重要的是，相比其他传统生产要素，数据资源具有可复制、可共享、无限增长和供给的禀赋，打破了传统要素有限供给对增长的制约，为长期持续的增长提供了基础与可能，成为数字经济发展新的关键生产要素。因此，在数字经济社会体系中，数据本身不仅是数字化技术的产物，同时也作为社会价值的载体和重要的生产资源，具有良好的资产化属性。

与土地资源相比，数据资产具有非消耗性、共享性、衍生性三大价值，打破了自然资源有限供给对增长的制约，为持续增长和永续发展提供了基础与可能。

其一，非消耗性。数据资产的非消耗性，即数据资产可无限循环利用，价值可持续。数据所能产生的价值会随着时间变化而变化，但其并不会因为任何人的正常使用而消失，反而会进一步丰富数据，使数据具有新含义或关联，是一种可重复利用的、符合可持续发展观的资源。

其二，共享性。数据资产的共享性，即实现数据资产价值最大化，数据资产具有可以提供给他人而不会令其使用价值减少的特性。同一数据，可以同时支持多个个体使用，不同个体对同一数据的利用将产生不同的价值。这一特性成为企业数据价值挖掘的核心着力点，利用好共享性，将能最大限度地挖掘数据资产价值。

其三，衍生性。数据资产的衍生性，既是开发数据资产潜在价值，更是其在使用及交易过程中，立足于需求提供相对应的相关数据"新产品"。对于企业来说，衍生品的开发是企业数据资产运营的重要一环，是实现企业数据资产创新利用的有效手段。衍生性的有效利用，可以帮助实现企业数据资产潜在价值开发，丰富企业数据资产整个生态链，推动企业实现数据驱动的目标。

政府数据是重要的政府资产之一，是政府追求创新力、增长性的宝藏。对其进行融合分析、开发利用，可以实现预警、预测、智能分析和辅助决策，推动经济社会走向数字化、智能化。同时，政府数据之间的碰撞融合，将释放不可限量的价值，在社会治理、服务方式变革与传统产业转型创新中发挥着颠覆性作用。

（三）数据财政体系的内涵与构成

"数据财政"这一概念是相对于"土地财政"而产生的。近

20 年来，中国政府通过盘活土地资源，实现了经济高速发展，加快了现代化建设的进程。而随着全球经济体系在信息技术强有力的推动下快速演进，人类社会进入信息时代、数据时代，土地资源主导的经济增长模式开始逐步让位于数据主导的经济增长模式，数据成为继土地之后新的社会经济发展的核心资源。因此，与社会经济结构紧密相关的财政体系也理应进行合理的调整，以应对数字经济发展带来的全新变革。

在新常态下，构建与数字经济发展相适应的数据财政体系，是保障今后一个时期国家总体财政工作稳定发展，并为实现两个百年目标的建设提供源源不断强大动力的有效保障。大数据是数字经济的核心内容和重要驱动力，数字经济是大数据价值的全方位体现，数据走向资源化、资产化、资本化是大势所趋。在这一过程中，建立高效的数据交换共享机制，实现数据的互联互通、信息共享、业务协同，将成为深度利用分散数据，打造协同发展格局的有效途径。基于此，数据财政体系主要由两个部分构成：

其一，财政收入直接来源于政府所管理和掌控大量的数据资源。政府大数据涉及工商、税务、司法、交通、医疗、教育、通信、金融、地理、气象、房地产、保险、农业等领域，数据的种类繁多，关联性强。通过有效的数据运营模式，盘活可合理利用、开发的政府数据，打破"信息壁垒"和"数据烟囱"，能使各部门之间的数据进行碰撞产生聚合价值。推动"大数据 +"深度融合，提升政府治理能力、公共服务水平，将为传统产业注入新动能，实现经济社会的转型升级。

2015 年，国务院印发的《促进大数据发展行动纲要》中提到，在开放的前提下加强安全和隐私保护，在数据开放的思路上增量先行。政府数据共享和开放，是政府数据信息公开最直接的政策性红利，满足了民众对多元化数据的需求，是大数据产业发展的一大突破点。

其二，政府数据的开发和创新应用，加速数据价值的释放，助力传统行业转型升级，促进数字经济规模和实力的进一步提升，并直接带动相关领域社会财富的增长和税收的增加。传统产业通过与大数据等信息技术的深度融合实现数字化转型，催生了精准营销、智能推荐、金融征信等新业态新模式的蓬勃发展，涌现出了个性化定制、智慧医疗、智能交通等大数据应用示范，对推动经济发展、完善社会治理、提升政府服务和监管能力具有重要价值。同时，也促进了数字产业化服务行业、企业的崛起和壮大。

（四）工具落地，拉动数据财政新增长

地方财政收入增长的新逻辑，在于激活数据、变现数据价值，运用好大数据工具是实现这一目标的最佳途径。

国际社会的竞争正加快转向对网络空间的竞争，从阳光政府、智慧城市，到行业提升现代化，各地政府间的竞争与合作，考验的是各地政府数据资源开放程度与掌握程度。数据技术加工出大量的数据产品，提供丰富多样的数据服务，创新生产和生活方式，也决定国家的数据能力。精准化运用数据采集能力、数据处理能力、数据传播能力、数据利用能力、数据安全能力等，将成为衡量地方政府领导力的重要指标。

就我国而言，新型城镇化进程得到跨越式的发展，其中包含了与过去发达国家城市化进程完全不同的内容，数字城市的建设成为城市发展的重要组成。因此，建设各地政府的数据财政能力，具有重大的战略意义和深远的影响。以大数据技术为核心，将云计算、物联网、人工智能等先进信息技术有机整合，开发针对政

府数据价值进行深度挖掘的工具和应用，通过盘活各地政府数据资产存量，协助各地政府实现传统产业的转型改造、优势产业的几何式升级，发挥出大数据引擎的创造力，告别无法持续的土地财政时代，最终实现政府财政收入增长。这些数据技术和工具的落地，能够有效助力地方数据财政的增长，进而带动综合竞争力的全面提升。

三、发展数据财政的基础

（一）不破不立，数据财政崛起进行时

社会经济发展逐步摆脱对土地资源的过度依赖是大势所趋，政府数据可循环，使用价值可持续，是地方政府追求创新增长的源泉。以大数据为代表的数字经济成为了新时期地方政府的重要抓手，各地政府贯彻实施国家大数据战略，通过与领先大数据企业合作，加速了大数据在全社会各行业领域发挥预警、预测、智能分析、辅助决策的功能，提高经营管理水平和生产效率，使企业实现营业收入增长，行业实现产能更新，促进地方政府的财政收入在转变发展方式的同时得到显著增长。

以首个国家大数据综合试验区贵州为例，通过深入推动大数据战略行动，2017 年大数据相关产业增加值增长了 86.3%；同年贵州省 GDP 总量突破 1.3 万亿元，较 2016 年增长 10.2%，增速高于全国水平 3.3 个百分点；贵州全省一般公共预算收入 2017 年增长达 7.2%。预计未来 5 年，贵州谋求数字经济年均增长率将在 20% 以上。

（二）数据资源体量上的天然优势

近年来，中国大力推动实施国家大数据战略，大数据产业保持良好发展势头，涌现出一大批大数据新企业、新产品、新服务、新业态。大数据领域快速普及完善的数据基础设施、不断涌现的技术创新、深度的融合应用、庞大的基础数据体量和积累速度让中国加速迈入"大数据时代"。

数字经济已成为近年来中国经济发展最为活跃的领域之一。中国拥有全球最庞大的数据生产群体，全国大型数据中心跨地区经营互联网数据中心业务的企业已达到 295 家。目前中国网民数量超过 7 亿，移动电话用户突破 13 亿，均居全球第一。中国已是世界上产生和积累数据体量最大、类型最丰富的国家之一。中国网络用户规模大，终端数量多，产业经济规模大，因此在数据规模上具有天然的优势。目前，中国大数据产业正在从起步阶段步入黄金期，以目前的发展态势，到 2020 年中国将有望成为世界第一数据资源大国。2018 年，全球数据圈达到 33ZB（1 泽字节相当于 1 万亿 GB），中国数据圈达到 7.6ZB，占比为 23.4%。根据国际知名咨询研究机构 IDC（国际数据公司）预测，2018—2025 年中国的数据圈将以 30% 的年平均增长速度领先全球，比全球高 3%。预计在 2025 年中国数据圈增至 48.6ZB，占全球 27.8%，成为最大数据圈。从 2015 年到 2025 年，中国数据圈以 14 倍的速度扩张。

工信部副部长陈肇雄指出："全球数据爆发增长、海量集聚的当下，完备的数据基础、巨大的数据资源和应用市场让中国具备创新优势。"

腾讯公司董事会主席兼首席执行官马化腾认为，"互联网+"已经不再局限于政务、民生、医疗等服务业领域，中国经济的核心——制造业也正在加速拥抱互联网，数字制造和智能制造正成为新的关键词。作为新兴技术和先进生产力的代表，"互联网+"正在由浅入深与更多不同经济领域结合产生新的连接，而数字经济呈现的则正是全面连接之后的产出和效益。

（三）应用广泛、潜力巨大的数据市场

中国是第二大经济体，同时还是世界人口第一大国，在经济发展、社会治理、国家管理、人民生活等领域蕴藏着对数据资源开发利用无法想象的巨大市场潜能。近年来，以人工智能、大数据、云计算为代表的信息产业，正在成为引领和推动各地方经济转型升级发展的核心动力。通过大数据产业的快速融合发展，数据市场的潜力得到了较为有效的释放，但与总体市场潜在规模相比仍是冰山一角。

根据国家网信办发布的《数字中国建设发展报告（2017年）》显示，2014—2017年，中国大数据产业持续高速增长。工信部印发的《大数据产业发展规划（2016—2020年）》，通过定量和定性相结合的方式提出了2020年大数据产业发展目标：到2020年，技术先进、应用繁荣、保障有力的大数据产业体系基本形成，大数据相关产品和服务业务收入突破1万亿元，年均复合增长率保持30%左右。

目前，中国大数据发展处于应用落地阶段。经过几年的探索，大数据落地场景逐渐清晰，前期的基础设施建设已初见成效，未来发展将逐步转向软件开发和寻求更多的应用场景落地。这对数据质量、数据管理、数据应用等方面提出了更高的要求。

从行业投入来看，金融、政府、电信等行业依旧是大数据技术投入方面的重点投入行业，其规模总和超过50%。在金融行业

中，金融反欺诈、风控、信贷业务等是大数据主要的应用场景。在电信行业中，三大运营商拥有庞大的个人位置数据，精准营销、信用评估等是大数据技术主要的应用场景。在政府行业中，智慧城市、公共安全、交通、气象各部委对大数据应用较多。未来，随着国家对医疗行业的重视以及医疗行业本身拥有的丰富数据，大数据在医疗行业将获得广泛的应用，尤其在医院精细化管理方面，为了解决看病难、就诊难、住院难的现象，未来医疗机构的精细化管理将大有可为。

（四）可开发可利用的数据 80% 掌握在政府手中

以谷歌、亚马逊等为代表的互联网企业，已无一例外地敏锐意识到大数据带来的颠覆性创新力。这些传统互联网巨头的网络化特征正在逐步弱化，而以大数据为基础整合业务流程和技术应用模式的特征则不断得到强化。放眼国内，以百度、阿里、腾讯（BAT）为代表的互联网公司，均在加速布局旗下大数据分支业务。百度利用其大量的公共数据和用户搜索行为的需求数据，进行人工智能、深度学习、自动驾驶等方面的应用开发与研究；而阿里巴巴则拥有交易及信用数据，同时利用这些数据进行人工智能、金融、旅游、电子商务、物流等服务行业的拓展开发；拥有微信、QQ 两大社交平台的腾讯则掌握着社交关系数据，也在公共服务、医疗健康、文化娱乐等方面动作频出。利用数据来开疆拓土，是当前互联网企业运作转型的转折突破口。

很多传统产业的企业也将大数据作为企业转型的重要途径。例如，三一重工通过"体外孵化"的模式打造出的树根互联，在工业互联网和工业大数据领域实现了从生产到服务，从保养、维修到质保索赔，再到二手及再制造环节的全生命周期服务，为工业企业智能制造转型提供全方位的解决方案。

传统互联网企业的数据转型目前在市场上占据了半壁江山，传统产业企业在大数据领域的业务拓展也拥有相当的份额。然而在数据体量和数据价值上，各级政府机构所掌握的数据资源才实则是中国数据盘子里的"大头"。互联网企业数据主要来源于搜索引擎、个人电子商务、个人社交等较为单一的垂直领域，传统行业的数据则是对企业自身生产经营过程中产生数据的采集和汇总。而在国家各级政府机构业务系统和平台中的数据，几乎囊括了社会生产生活管理和服务各方面的数据，无论是从数据资源分布特点，还是从数据资源质量来讲，政府数据是现阶段数量最庞大、价值密度最高、涉足广度最宽的数据资源，其价值远远超过其他任何一个行业垂直领域的数据价值。正如国务院总理李克强所说："目前我国可利用、可开发、有价值的数据 80% 左右都在政府手上。"

这一基础决定了当前中国大数据应用市场以"政府大数据应用"为主。向数据要效益，"抓大头"，就必须让政府数据资源的价值得到充分体现，使之于沉睡中被唤醒，价值得到最大化释放。

四、大数据是提高政府财政收入的有力工具

（一）大数据已成为有潜力、有价值、有战略意义的巨大产业

作为信息技术及其应用发展到一定阶段的"自然现象"，大数据将成为继物质、能源之后的第三大战略资源。据统计，全球数据规模持续呈指数级增长，2020 年前全球数据量大约每两年增加1 倍（2000 年 800TB，2012 年 2.7ZB，2020 年预计 44ZB）。

大数据蕴含巨大的价值和发展潜力，具有重要的战略意义。在信息时代，没有数据信息参与社会或经济活动已不可想象。数据源于人类认识自然、改造自然、推动社会经济发展的各类活动，信息技术推进数据的规范化和格式化，使数据不断升华为信息和知识，最终成为全人类的"数据宝藏"，又被重新投入新一轮的各类社会经济活动中，创造出更大的价值。

大数据的价值及意义体现在四个方面：

首先，提供了人类认识复杂系统的新思维和新手段。2007 年，数据库软件领域的先驱人物吉姆·格雷（Jim Gray）提出了"第四范式"的概念，指出大数据现象的出现，为人类提供了基于大数据触摸、理解和逼近现实复杂系统的可能性，从而使数据密集型科研成为继实验科学、理论科学和计算科学之后，人类探索未知、求解问题的一种新型范式。

其次，成为促进经济转型增长的新引擎。一方面，大数据将大幅度促进产业转型、催生新业态；另一方面，对大数据的采集、管理、交易、分析等业务也将成长为具有巨大潜力的新兴市场。根据麦肯锡的估计，到 2020 年大数据将为美国经济带来 1 550 亿～ 3 250 亿美元的增长，占 GDP 的 0.8% ～ 1.7%。

再次，成为提升国家综合能力和保障国家安全的新利器。数据资源成为国家核心战略资产和社会财富，国家信息能力是重塑国家竞争优势的决定性因素。掌握数据并利用好数据将大幅提高情报收集和分析能力，促进国家安全。

最后，成为提升政府治理能力的新途径。政府应用大数据技术将可以通过数据揭示政治、经济、社会事务中传统技术难以展现的关联关系，为有效处理复杂社会问题提供新的手段。

（二）数字中国背景下所有传统产业依托大数据进行数字化

当前，一方面，大数据作为新兴产业，已经成为信息产业中最具活力、潜力巨大的细分市场；另一方面，大数据与现有产业深度融合，在人工智能、自动驾驶、金融商业服务、医疗健康管理、科学研究等领域展现出广阔的前景，在社会运行、城市管理等方面发挥越来越重要的作用，使得城市更加绿色智能，生活更加便捷高效。

大批企业投身于大数据相关的软硬件基础设施、分析方法、领域应用及数据生产等方面的技术研发，开源技术成为大数据生态系统中的主流，大数据产业生态系统的雏形已经形成，涵盖了大数据的获取、存储、处理、分析、服务、安全等诸多环节，并逐步与传统行业结合，释放出巨大的能量。

近年来，我国也掀起了大数据研究与应用的热潮。在国家支持下，我国启动了一系列与大数据相关的科研计划。例如，国家自然科学基金委启动了重大研究计划，支持对大数据应用于商业、管理等领域时的基础科学问题探索；国家重点基础研究发展计划（"973"计划）则着重部署研究大数据技术本身的理论和机理，以及在网络空间、智慧城市等领域的应用理论和关键技术；国家高技术研究发展计划（"863"计划）启动了面向内存计算、大数据智能等核心关键技术与系统的研发；等等。作为"十三五"的科技重大布局，我国已经启动了"云计算与大数据"国家重点研发计划专项，而"大数据重大科技工程"也正在立项论证过程中。

2016年，李克强总理在出席中国大数据产业峰会时表示："以大数据为代表的创新意识和传统产业长期孕育的工匠精神相结合，使新旧动能融合发展，并带动改造和提升传统产业，有力推动虚拟世界和现实世界融合发展，打造中国经济发展的'双引擎'。""大数据＋工匠精神"的结合对于制造业的转型升级至关重要。而大数据实时、感知和预测等特点确实可以为制造企业在降低成本、缩短生产周期、提升效率、细分产品定位、优化流程和决策等方面扮演重要的角色。

1. 数据赋能制造业的全流程

我国制造业企业之间在信息化建设和数据化程度方面相差很大，但总体上由于距离市场需求相对较远，因此互联网化与数据化程度和对大数据的认识相对金融、电信、政府等行业相差比较远。当然，其中也有不少领先的代表企业，比如海尔，比较早地就部署了相对完善的内部信息系统，涵盖了主要的业务流程，并且比较早地就将社交数据中获得的客户反馈融入新产品研发之中，结合了内部和外部数据的能力。但是，大部分制造企业依然还处在信息化起步的阶段，由于人才以及技术能力的欠缺，所以对于大数据的意义和价值认识比较弱。大部分企业不仅内外部数据尚未打通，而且内部的数据也还没有实现整合和标准化，信息孤岛现象也是屡见不鲜。

数据对于线上线下销售的协同，对于供应链优化和管理也可以起到重要的作用，在提升对客户的服务水平，针对不同细分市场需求进行全渠道销售的设计规划等方面都会起到重要的作用。例如，能够非常直接地对接到消费者，依据对消费者的行为和消费数据分析，定位相应的产品设计和研发；同时也能够依据消费者对产品的喜好和需求量，进行定向的市场营销，进行产品的计划和生产的排产，减少相应的库存。

2. 数据驱动生产和制造柔性化趋势

电子商务以及互联网所带来的用户需求呈现实时、少量、碎片化、快速翻新等特点，对于传统制造商来说，满足这种长尾需求难度很大，因此生产制造的柔性化变得重要。比如，淘工厂把工厂的生产能力通过互联网实现了与商家需求的快速对接，通过数据联通把需求与供应之间的信息对称化，减少了中间商环节，缩短了生产周期，降低了交易成本，并加快了周转速度。

ZARA 这个快时尚品牌也是利用数据实现智慧供应链的例子，大量服装企业都面临生存的压力，而 ZARA 母公司销售额在 2015 年依然保持了 15.4% 的增长。其中很重要的原因就是 ZARA 以数据为核心打造的极速供应链系统，实现了新产品的柔性化生产。相对竞争对手来说，ZARA 可以通过数据的联通和协同更快更好地控制从市场调研，到设计、打版、制作样衣、批量生产、运输和零售整个过程。虽然 ZARA 不是互联网企业，但是它对用户需求的响应是完全互联网思维的方式，满足的也是快速翻新，少量、快速响应和生产的类似于消费者在互联网上的需求特点，比如一般的国际大品牌的前导时间是 120 天左右，而 ZARA 可以实现 15 天的新品供应过程。在整个过程中，它使用线下线上的数据融合，利用电商平台的销售数据以及对用户消费者的线上调研数据，同时也会利用线下每个门店的销售数据实时反馈到公司总部，实现产品的快速迭代。它一年设计的服装款式达到 12 000 多款。这种基于数据的协同和流动实现的供应链带动了 ZARA 总体效率的提升和库存的大幅降低。

3. 利用大数据创新商业模式

以消费者数据为基础的消费者喜好和需求画像倒逼产品的设计、研发、生产、供应链、营销等制造业供给侧的多个环节，这就是 C2B 的本质。谈及大数据创新商业模式，不得不提及近年来被广泛了解和关注的一个网络热词——大数据"杀熟"。在线旅行社（OTA）等电子商务企业正是充分利用了大数据技术，在为客户提供商旅、酒店、餐饮预定服务的过程中，通过对用户过往消费行为习惯和支付方式等方面的数据分析，实现对客户消费支付能力的综合判断，对销售商品进行适当的价格调整以实现企业的经营效益最大化。虽然这种方式由于涉及商业服务平等化和知情权等方面的问题而为人所诟病，但也从侧面证明了大数据技术对于商业模式创新颠覆性的能力。在市场经营方面，越来越多的企业开始应用大数据技术辅助经营决策的制定，通过对市场关注度、价格波动、供需行情等方面的数据分析指导企业生产执行进度和产品定价，有效提高企业生产环节效率，降低库存质押，提高经营收益。

4. 学习国际上工业大数据应用的实践

对于传统的大型制造企业来说，转型的挑战巨大，制造企业所搭建的内部信息系统，如 ERP（企业资源计划）、CRM（客户关系管理）、SCM（供应链管理）、PLM（产品生命周期管理）等系统收集处理的数据还是以交易类结构化数据为主，对生产设备数据、机器数据以及日志数据的收集及关注度比较低。而工业大数据应用一个很重要的未来方向就是如何能将这些实时产生的机器数据更好地用起来，尤其是在预测性维修类应用方面。

　　以美国通用集团（GE）为例，借助工业大数据平台实现制造业服务化的方向和目标。GE 的工业大数据平台 Predix 的主要功能就是将各类数据按照统一的标准进行规范化地梳理，并提供随时调取和分析的能力。目前已经基于 Predix 推出了很多工业互联网应用，并且向合作伙伴和客户进行了开放。根据 GE 的资料显示，GE 在 2015 年年底把最后一批发动机数据上传到 Predix 平台上，已经开始接收并处理 GE 公司庞大的发动机机队所产生的上亿条数据，对这些数据进行分析，并按照数据异常情况确定发出警告的等级，目前准确率接近 90%。伴随着大数据与机器学习能力的加强，准确率也会逐渐提升。这是典型的利用设备数据进行预测性维修的例子，会成为很重要的工业大数据应用方向。GE 希望通过这个工业大数据平台树立工业大数据领域的标准，使 Predix 平台像安卓系统一样成为工业互联网领域的操作系统。

5. 从数据化到智慧化要循序渐进

　　以 ERP、CRM、SCM、PLM 等系统为代表的基本业务应用会是必备选项，只是在"互联网 +"时代，有些应用可以使用云端应用进行创新，不必和以前一样再花费巨额的许可费用。在这个过程中，进一步加强数据的沉淀，通过云平台实现数据的共享、流动、整合，实现数据的价值最大化，推动智能制造目标的实现。其实，真正的智能制造或工业 4.0 不是仅指工业制造的某个环节的智能化，而是从用户需求端到产品供给端的全链条的智慧化，涵盖产品设计、研发、生产、供应、仓储、配送、财务、客户关系管理、营销等多个环节，而这种智慧化的基础要素就是实现数据的全流程打通。在这其中，以云计算、物联网、移动互联网、人工智能、机器人等都成为数据共享、流动和融合的关键技术。

（三）大数据衍生产业带来巨大商业价值和想象空间

大数据革命将衍生出一个庞大的大数据产业。作为战略性新兴产业，大数据产业以物联网、云计算等新一代信息通信技术为支撑，产业链涵盖数据生产与收集、数据存储与处理、数据分析与应用、数据展示与服务等环节，涉及互联网企业、数据处理服务提供商、数据解决方案提供商、大数据交易市场等不同类型市场主体，由此构成了大数据产业独有的创新生态系统。促进大数据产业健康发展，构建完善的产业创新生态系统至关重要。

围绕大数据发展关键技术，科技界、产业界都在积极地寻找解决之道。

基于大数据应用的商业模式创新包括：互联网金融领域的P2P、众筹；社区服务方面的 O2O（线上线下）；公共交通领域的即时电召服务，如滴滴、专车等。此类商业模式创新有一些共同特征，如去中介化、零边际成本等。

大数据革命下呈现出的网络平台、信息即时共享、零边际成本、非边际报酬递减等特征，对人类生产消费、工作生活的模式正产生颠覆性冲击。大数据革命配合其他领域技术革命正带来新一轮技术—经济范式转换，将为宏观经济理论、创新经济理论、产业组织理论等经济学分支以及其他社会科学分支的研究提供新的前沿方向。

在商业领域，亚马逊、eBay、阿里、京东等国内外电商以及沃尔玛等传统零售商，借助基于大数据分析的精准营销和定向推送，销售额或盈利水平都有显著提高。在金融领域，大数据分析为建立精准的信用评级体系、发展供应链金融提供了强大支撑，有效缓解了中小企业融资难问题，提高了全社会资金配置效率；另外，基于大数据的金融欺诈识别、内幕交易识别也成效斐然。在公共交通领域，滴滴、高德、百度等公司应用交通大数据，在降低出租车空驶率、提高公众出行效率方面效果非常显著。在生物、人工智能等领域，大数据带来的科研方式转变将尤为突出。DNA 存储技术取得重要进展，利用 DNA 变码方法解决大数据的存储问题。无所不在的网络为人类社会带来爆炸式信息增长。量子计算机成为未来解决海量数据计算的一条有效途径，而且展现出良好前景。

五、发展数据财政面临的问题

数据财政的发展需要建立在数字经济良好的发展基础之上。目前，国家通过推进数字中国战略的实施全面推动数字经济体系的发展和完善。但在发展过程中，还存在专项资金落实、数据价值释放、底层技术创新、数据跨区域融合应用等问题需要解决。

（一）数字中国战略在城市落实缺乏对应的专项资金

数字中国是新时代国家信息化发展的新战略。为构筑数字经济发展长效机制，部分省市争当数字中国建设的先行军，着力打造数字中国建设示范标杆，备好"粮草"，明确给出真金白银的政策，提供资金支持，提供更优服务，营造更好环境，让数字经济的"种子"生根发芽、茁壮成长。

福建省出台《福建省数字经济发展专项资金管理暂行办法》，明确专项资金主要用于加快数字福建建设，实施大数据发展战略，推进互联网、物联网、大数据、云计算、人工智能等同实体经济深度融合，加大对数字经济重点领域、重大项目和应用示范支持力度，鼓励自主创新。

为深入贯彻数字中国战略，安徽省出台了含金量高的《支持数字经济发展若干政策》，主要包括 10 个方面内容，全面支持数字经济各领域发展：每年专项安排 2 亿元支持数字经济项目；对总部新落户安徽省的全国电子信息百强企业给予奖补 200 万元；"数字经济领军企业"将获奖补 100 万元……

深圳市加快打造创新引领型城市，实施《深圳市战略性新兴产业发展专项资金扶持政策》，设立市战略性新兴产业发展专项资金，以直接资助、股权投资、贷款贴息、风险补偿等方式，支持大数据等新一代信息技术、数字经济、海洋经济等七大战略性新兴产业发展。

地方政府的政策支持和补贴推动，有利于促进科技创新，促进大数据产业发展和经济转型。

然而，从全国范围来看，大多数城市把数字中国建设等同于信息化建设，缺乏对应的专项资金。

数字中国建设的基础是信息化，但应通过数字化技术手段，实现智能决策，高于信息化。在实施落地过程中应当与传统信息化建设有所区分，尤其是围绕数字中国建设制定战略推进表、专项政策，与信息化建设相辅相成，并行不悖。因此，数字中国落地需要更多的城市出台更大力度的项目、税收等政策措施，引导开放数据应用为社会民生服务；加大财政资金对大数据领域关键技术自主研发的投入，引导社会资本对数据进行增值开发，形成大数据应用平台造福大众创业，构建具有自主知识产权的大数据产业链。

数字中国建设是个宏伟而又浩大的工程，各级政府和信息相关部门也应当全面解放思想，既要进一步加大数字技术的基础设施投入，让智慧城市、虚拟空间、数据管理等相关的各种软硬件都能得到源源不断的更新和变革；又要不断补齐行业断层，推动价值链重构和供应链管理，让数字经济发展的链条更完备、实力更强劲，为数字中国的未来夯实基础，优先布局，创造条件。只有"咬定青山不放松"，做到"一张蓝图绘到底"，数字技术才能更好地服务科技进步、提升发展质效、增进民生福祉，不断提升全社会的获得感和幸福感，不断汇聚更大合力，迸发更强动能。

（二）重视硬件与平台搭建，忽视应用与数据价值的激活

信息基础设施是经济社会发展的"大动脉"。国家近年来关于数字中国、网络强国建设出台的一系列政策正在加快部署信息基础设施建设，强调要在加强网络设施建设的基础上，加快向融合感知、传输、存储、计算、处理为一体的智能化综合信息基础设施演进，融合云计算、物联网、大数据、人工智能等新一代信息技术，加快建设泛在先进、开放物联的信息基础设施体系。

加快完善数字基础设施，也成为各省市推进数字中国建设的首要发力点。然而，各类信息基础设施主要由各个城市的有关部门和各个企业根据各自的需求进行建设，形成了类似于"烟囱式"的组成架构，在一定程度上解决了各自的需求，但这些资源还没有得到充分应用，难以有效支撑城市治理能力的提升。

更为严重的是，许多城市在推进数字中国战略过程之中，依然停留在以硬件建设为主，忽视了对政府数据、城市数据应用以及相关价值的激活。硬件设备与平台建设只是第一步，不能代表产业全貌，更不能引领整个生态圈走向完善。尤其是存储于硬件设备中的政府数据、城市数据不能激活、流通、融合，产生新的应用，将不利于进一步推动产业整合、生态构建。

随着基础建设的逐渐落地，未来，政府和企业如何激活并释放数据价值，成为一个值得探讨的话题。数据资源的不断丰富、计算能力的快速提升，推动数据驱动的智能应用快速兴起。大量智能应用通过对数据的深度挖掘与融合，帮助人们采用新的视角和新的手段，全方位、全视角展现事物的演化历史和当前状态，掌握事物的全局态势和细微差别；归纳事物发展的内在规律，预测事物的未来状态；分析各种备选方案可能产生的结果，从而为决策提供最佳选项。汇聚和挖掘数据资源，开发和释放数据蕴藏的巨大价值，已经成为共识。

让数据流动起来，才能够真正释放其应有的价值，才能够通过这些数据去整合资源，创造出新的商业模式和新的业态。数据价值释放，无论是基于社会治理，还是行业创新发展，都应该是以大数据应用为基础，以"预警、预测、决策、智能"的大数据思维，从内部对散乱的、无序的数据进行有机关联，产生融合，生成裂变，以此演化出颠覆式的分析逻辑，从而对落后的社会治理和传统行业进行重塑。

让人欣喜的是，国内已有省市和企业开展数据开发应用活动。政府公开惠及民生的政务数据，数据资产运营企业基于这些数据开发更多增值性、公益性和创新性应用，最终帮助政府做经济运行、城市体征、市场决策的分析等管理工作。政府和市场力量形成合力，激发大数据在经济发展、改善民生方面的价值，助推"数字中国"实现跨越式发展，已经在中国形成一股潮流。

佛山市禅城区打造互联网政务一门式服务的国家级样板间，青海住房保障大数据平台托起百姓安居梦，云南丽江"数字蝶变"实现旅游跨越式发展，重庆依托国家生猪大数据中心激发特色农业新活力，山东济宁以信立本点亮城市信用招牌……在政企双方全力推动下，大数据已经在政用、商用和民用领域全面覆盖，并且在区块链应用上实现重大突破，将为数字中国实现经济新旧动能转换，为产业革新提供动力，为前沿科技的发展与应用打造强载体起到积极作用。

（三）中国大数据自主底层核心技术储备迫在眉睫

数字中国建设非常重要的一项工作，便是通过大数据技术来支撑。对于一个国家而言，能否紧紧抓住大数据发展机遇，快速形成核心技术和应用并参与新一轮的全球化竞争，将直接决定未来若干年世界范围内各国科技力量博弈的格局。

大数据技术是指从数据采集、清洗、集成、挖掘、分析与结果解释，进而从各种类型的巨量数据中快速获得有价值信息的全部技术。从数据挖掘和分析中，人们可以获取具有重要价值的信息。大数据技术的精髓是从大数据中产生新见解的能力，识别复杂关系和作出越来越精准的预测，从大数据中产生动力、获取知识和采取行动的能力。

丰富的数据资源和领先的大数据技术是数字化新阶段推进数字经济发展的必要前提。我国通过前期的科研投入，在大数据相关技术领域已具备加快技术创新的良好基础。"十三五"期间，国家重点科技研发计划实施了"云计算和大数据"重点专项，部分领域已取得较大进展。大数据也已列入"科技创新 2030—重大项目"，从大数据生命周期和信息技术体系两个维度全面规划、全链条推进大数据技术体系建设。国家发改委组织建设国家级大数据工程实验室，加强大数据领域相关技术创新基地建设。各地也陆续推出一批与大数据相关的政策措施。贵州、上海、京津冀、珠三角等 8 个综合试验区正在开展大数据产业发展试点。

尽管近年来我国在政策和资金层面不断倾斜和投入，但在大数据分析技术和大数据人才培养等方面仍然存在巨大的缺口，核心技术自主创新和研发能力的欠缺成为制约我国大数据产业发展的重要因素。

目前，比较受欢迎的技术包括高效可靠可伸缩的 Hadoop、使用简单且支持所有重要的大数据语言 Spark 等，都来自国外。国外开源技术固然可以借鉴，但是绝对不可形成依赖，我国亟须全面研发关于数字中国战略的相关核高基技术，紧盯短板，加大人才引进力度，加强技术创新能力，尤其是关键核心技术，亟须实现自主、可控，牢牢掌握科技发展主动权，切实保障我国数字经济高质量发展，保障国家安全。

（四）政府数据融合范围需要从城市内部扩展到跨城市跨省

随着信息技术的发展和政府部门信息化工作的推进，政府部门近年来积累了越来越多的数据。众所周知，政府大数据关系到国计民生，与百姓的生活密切相关，被认为是高价值密度的数据。利用好政府大数据，对政府决策、经济发展和公共服务水平的提升等都大有裨益。政府大数据在数字中国建设中具有不可替代的关键作用。

政府数据融合的目的是打破"数据孤岛"，实现数据按需、契约、有序、安全式的开放，形成政府数据多维交换共享机制，搭建信息资源交换、共享、应用、安全管理运行支撑环境，形成统一的政务块数据，这也是大数据应用提升的重要基础条件。

政府各部门是政府大数据的实际掌握者，是政府大数据价值链的源头。由于管理体制的限制以及政府部门信息化系统建设的历史原因，政府大数据分散在各个部门甚至各个系统当中，被称为"信息烟囱"或"数据孤岛"。这种碎片化的数据现状不利于政府大数据的开发利用，因为大数据的奇妙之处就在于，不同来源、不同类型的数据融合之后，可能挖掘出原来发现不了的结果或结论。因此，在推进数字中国建设进程中，实现政府数据融合，推进政府数据融合范围从城市内部扩展到跨城市跨省是关键。

首先，政府的各个部门到底掌握了多少数据、数据的类型有几种、哪些是"死"数据、哪些是"活"数据、动态更新的频率如何、数据质量如何等等，都是政府各个部门需要搞清楚的问题，即摸清自己的"数据家底"，也是实现政府大数据融合的前提。

其次，政府大数据的利用分为内部利用和外部利用。所谓内部利用，是指政府部门内部之间对政府大数据的利用；而外部利用是指政府大数据对外开放，取得社会化利用。内部利用需要解决好政府大数据的共享问题，外部利用需要解决好政府大数据的对外开放问题。

最后，目前数据的生产速度和能力远远大于我们对其使用和价值变现的速度和能力，对数据业务价值的高期望值和落后的数据集成方案之间的矛盾日渐突出。互联网、物联网、云计算，政府业务系统每时每刻都在产生着大量的不同来源的数据，如何及时、有效、全面地捕获到这些数据，是另外一个会直接影响政府数据融合、数据价值体现的关键因素。

近年来，凭借对政府数据汇集分析和融合应用，提升政府治理能力和效率的同时，对落后的社会治理和传统行业进行重塑，已经成功地让一些省市脱颖而出。

以上海为例。上海早在 2011 年就开展了政府数据资源创新发展研究，将"加快政府部门公共信息资源向社会开放，促进社会信息服务业发展"列为 11 个重大课题之一；2012 年率先开通了国内首个数据开放网站，并与 2015 年对网站进行 2.0 版建设升级，向社会提供政府信息资源和公共社会资源的浏览、查询、下载等数据服务；2016 年成立上海数据交易中心，促进数据市场流通、政府数据与商业数据融合应用，形成健全规范的商业数据交易、交换机制，充分释放数据资源衍生产品红利。

当前，我国加快了数字中国建设步伐，推动实施国家大数据战略，加快完善数字基础设施，推进数据资源整合和开放共享，保障数据安全，更好地服务我国经济社会发展和人民生活改善。然而，在政府数据融合共享过程中，很大一部分省市仍然局限于区域内部的数据融合，只在一座城市内部推动政府数据融合共享，难以实现有效协调，可能导致在不同功能的专业机构之间形成合作障碍，在涉及跨部门、跨层级、跨区域问题时不能有效处理，形成职能碎片化治理难题。

从全国各地"两会"传来的信息看，2019 年多地不约而同加速数据"上云"。

北京市 2019 年《政府工作报告》明确提出，要实施北京大数据行动计划并完成总体方案设计。同时，推动市级机关政务数据"上云"应入尽入，在城市规划建设管理等领域开展试点应用。

上海市也表态"所有政府部门信息系统迁移上云，实现全市公共数据资源集中统一管理"。2019 年，上海将全力推进政务服务"一网通办"，并加强数据整合共享。强化公共数据共享机制，简化共享数据的申请使用流程，推进跨层级、跨系统、跨业务数据的互联互通。

同样在政务数据"上云"方面表现积极的还有贵州省。该省《政府工作报告》显示，2019 年贵州省级政府部门和市州政府开放数据将全部接入"云上贵州"，电子政务网实现省市县乡村五级全覆盖。通过完善政务数据资源融合共享机制，打造全省统一的政府数据共享交换体系；同时，加快建设"一云一网一平台"，建成电子证照、公共信用等政务服务库，完善全省政务数据资源体系。

云南省也认识到数字经济发展爆发期所带来的历史机遇。该省 2019 年《政府工作报告》也提出要积极、有序、稳妥推进"数字云南"建设，打造"七彩云南·云上政务"新窗口，把"云上云"行动计划落地落实。

天津市 2019 年《政府工作报告》提出深入推进供给侧结构性改革。推进"互联网＋智能制造"、大数据应用示范等工程，开展工业企业"上云"行动，推动冶金、石化、轻纺等传统产业智能化改造。

以制造业为主体的实体经济是江苏省发展的根基所在。江苏省 2019 年《政府工作报告》提出要加快改造提升传统产业，充分发挥现有产业和企业的中坚作用，大力发展工业互联网，组织实施重点平台建设工程和"企业上云"计划，促进产业转型升级，实现"江苏制造"向"江苏智造"转变。

类似于天津、江苏这样在《政府工作报告》中明确提出要实施企业"上云"的还有山西和青海。山西省《政府工作报告》明确提出 2019 年要大力实施"企业上云"，推动工业互联网平台在重点行业和区域落地。青海省在《政府工作报告》中提出 2019 年要在工业互联网、企业"上云"、融合应用等领域打造一批标杆项目和示范企业，力争建设国家级大数据灾备中心。

数字中国战略是举全国之力，通过数字化手段实现产业升级，赋能实体经济。所以，建设数字中国不能仅限于一座城市内部的数据融合，从打破部门之间的数据壁垒，到破除一座城市内部之间的数据流通障碍，再到打通城市之间的数据融合渠道，让数据真正不局限于城市、地域流动起来，才能够从全局服务于数字中国建设。

第三章 数据资产运营与数据财政

一、什么叫数据资产运营

（一）数据，从资源到资产的过渡

资产是指企业过去的交易或事项形成的，由企业拥有或控制的，预期会给企业带来经济利益的资源，任何营商单位、企业或个人拥有的各种具有商业或交换价值的东西。

根据定义，资产具有以下几个方面的特征：第一，资产预期会给企业带来经济利益，资产能直接或间接导致资金或现金等价物流入企业的潜力；第二，资产应为企业拥有或者控制的资源，具体是指企业享有某项资源的所有权，或者虽然不享有某项资源的所有权，但该资源能被企业控制；第三，资产是由企业过去的交易或者事项形成的，过去的交易或者事项包括购买、生产、建造行为或者其他交易或者事项，只有过去的交易或者事项才能产生资产，企业预期在未来发生的交易或者事项不形成资产。

进入大数据时代，原本潜藏在故纸堆、档案袋里只待销毁的数据、信息成了资产，具有了加工整理的意义。当各行各业的数字、文字形成规模，在技术支持下对其进行挖掘有了现实可能。

类比资产的定义，能被企业或组织拥有或控制，并带来未来经济利益的数据资源，我们把它定义为数据资产。从数据的角度来看，数据资产具有衍生性、共享性、非消耗性。因此，数据资产的价值可以说是取之不尽用之不竭的。

（二）数据资产运营的定义

长久以来，产生于企业各类经济活动中的数据，如同副产品被搁置，价值没有被广泛发掘。以互联网行业为例，在过去10年互联网企业的鼎盛发展时期，这样的情况司空见惯。彼时，数据几乎是存储器、服务器的"负担"，需要定期清除。直到人们对大数据的认知和重视程度不断加深，隐身在冰冷机器中的"钻石"——数据资产，才开始熠熠生辉。

这种转变与大数据行业突飞猛进的发展几乎同步。进入"大数据元年"以来，大数据行业越发被视为新时期最具发展前景的行业之一。"大数据+"堪称"百搭"的使用价值，受到了各级政府、企业公司等各类组织机构的持续看好。当下，政府已将大数据上升为重要国家战略。数据资产运营作为开启数据价值释放与融合的最佳途径，受到了各地政府的重视。

"数据资产运营"这一概念是由国内大数据资产运营商——九次方大数据率先创造性地推出。九次方大数据认为，只有让数据的价值在应用和流通中体现，数据才成为真正意义上的政府数据资产。数据资产运营，即合理配置和有效利用此类数据资产，从而提高数据资产带来的经济效益，保障和促进各项事业发展。

数据资产运营的关键在于数据价值的变现，使数据以及数据产生的信息成为公认的资产，通过分析挖掘资产的价值，将其变现为用户价值、群体价值、社会价值。其核心思路是把数据作为一种全新的资产形态，并且以资产管理的标准和要求，来加强相关制度和应用。

以数据资产运营手段唤醒政府数据，可以帮助蕴藏在政府、城市、企业中相对隔绝的数据，冲破壁垒和阻隔，碰撞出新的可能性，承担起地方经济调结构、稳增长的重任，深度参与供给侧结构性改革的历史进程，实现从数据资源汇聚到数据资产运营、数据价值变现的路径演变，进而推动数字经济纵深发展，将最终实现财政收入跨越式增长。

第一，数据资产运营推动地方数据财政增长。数据财政主要依靠数据资产价值创造，政府数据就像是蕴藏丰富但相互隔绝、深藏不露的"地下水"，通过"打井""铺管道""建水库""生产自来水""生产可乐"的数据资产运营路径，对政府数据资源进行开发、激活，通过专业的技术手段进行数据汇聚、激活，从而促进大数据应用落地，实现经济快速增长，维持地方财政支出。

第二，数据资产运营是推进公共服务个性化的重要手段。"天下大事，必作于细。"随着市场和社会力量的发展完善，多元主体将为公共服务领域注入强劲的活力，公共服务必将在公众日益增长的需求驱动下，朝着层次化、倾斜化方向发展，逐步实现服务的个性化供给。以数据资产运营手段唤醒政府数据，将有效整合政府资源，解决公共服务传统供给方式所存在的部门分割、资源约束、协作困难等管理死结，使信息交互顺畅并及时更新，资源共享与跨部门合作，充分利用可得资源，及时精准地满足公共服务需求。

第三，数据资产运营为政府治理能力现代化提供决策依据。政府是国家治理体系的主体，政府治理能力是国家治理能力的核心。一方面，数据资产运营可以为政府部门分析、发现和利用具有重要决策价值的信息提供基础和前提，也可以为政府治理的问题识别、目标确定、政策制定和制度设计提供更为系统、准确、科学的决策信息；另一方面，通过数据信息的整合、挖掘与共享，可以全面提升政府协同社会主体改善宏观调控、市场监管、社会管理和公共服务等领域的治理水平，从而增强政府治理的有效性。

第四，数据资产运营是政府提升社会管理水平的重要抓手。数据资产运营的出现，突破了多主体参与地方社会管理的技术障碍，通过挖掘最广泛的数据，打破数据信息孤岛难题，降低了沟通的成本，拉近了沟通的距离，为民意表达、信息公开、意见反馈等提供了技术支撑，为社会主体参与社会管理提供了有效平台，使地方政府能够直接而有效地回应公众意见和社会需求。

第五，数据资产运营为城市铺设数据管网，建构城市数字引擎。城市的可持续发展需要通过数据来驱动。数字城市的未来在于，数据管网将成为每个城市的第五张网，如同自来水网、电网、燃气网、路网等重要的基础设施一样，为城市运转提供源源不断的数据资源。数据资产运营构建城市数字引擎，意味着通过大数据技术，对城市进行综合分析和有效利用，促进社会公共服务便捷化、城市管理精细化、现代产业的高度融合，保障城市正常、高效运转，保证城市经济社会健康可持续发展。

第六，数据资产运营可以助力地方产业实现转型升级、竞争力提升。国务院 2018 年《政府工作报告》中明确，要做大做强新兴产业集群，实施大数据发展行动，运用新技术、新业态、新模式，大力改造提升传统产业。具体来看，传统产业能耗大，产业链竞争力不足、高技术附加值不高、边际效益递减等都是目前产业集群面临的挑战。通过数据资产运营，将原本毫无生气的数据成功地转变为重要的管理工具，结合当地经济特色，提升数据资源应用效率，避免重规划、轻运营；挖掘大数据与传统产业的结合点，培育出一批交叉融合的新业态，大幅度提升产业附加值，构筑城市竞争新优势，以提升城市数字经济的未来发展水平和质量。

第七，数据资产运营可以提振区域经济，为数字经济发展提供价值要素。以数据资源为核心要素、融合创新为典型特征的数字经济革故鼎新，大势已现。以数据资产运营手段唤醒数据，可以实现数字经济下传统产业的融合创新，不仅能培育经济新动能，提高数据资产带来的经济效益，改善民生增进社会福祉，促进治理现代化，实现城市跨越式发展，也将催生一系列大数据新业态和新模式，促进产业结构优化升级，助推数字经济飞速发展。

飞速发展的大数据产业除了改变人们生活的方方面面、城市智慧化建设之外，也为企业这个社会主体带来了更为直观和有效的影响。传统企业发展如何寻求新模式，打好转型升级组合拳？怎样利用大数据服务企业经营决策，实现降本增效？在数据经济时代，用好内外部数据资源，洞悉市场环境的数字化变化，充分响应国家数据经济相关政策指引，是企业的重要功课。未来企业之间的竞争，将是数据资产以及数据资产运营能力的竞争。

数据资产运营可以服务企业经营决策，实现降本增效。根据研究，认知偏差可能会影响决策者的观念，并导致偏差性错误。

这种认知性偏差带来的结果可能是团队效率低、利润低，也可能导致打输关键战役，丢掉竞争优势。没有实际的数据支持，作出的决策就无法一针见血地命中当前的运营症结。可见，数据的价值在当今数字化时代日益突出，可以说是当今企业能否实现发展的命脉。数据一旦生成有价值的商业洞见和战略决策，企业就可以将其应用到公司的各个部门中，以提升公司的盈利能力和经营效率。在以数据为先的企业中，这些商业决策能快速在公司各个部门中实施，以发挥最大的商业价值。

数据资产运营能够深度挖掘数据价值，数据将进入每一个企业的资产负债表。大数据已经成为诸多现代经济活动顺利开展不可或缺的一部分，人们对于海量数据价值的挖掘和运用，预示着新一波生产率增长和消费者盈余浪潮的到来。维克托·迈尔·舍恩伯格在《大数据时代》中曾提到："虽然数据还没有被列入企业的资产负债表，但这只是一个时间问题。"随着新兴技术与不断提高的计算能力相结合，从数据中提取洞察的能力正在显著提高，数据已成为一项重要的资产并创造价值。在企业内部，数据变成可公开、可交换、可交易的资产，社会各领域可借鉴、参考、使用的数据总量将随之呈几何倍数增长。一方面，企业通过数据资产运营实现了价值变现；另一方面，全社会将导向于更高效的治理发展结构。

二、大数据朝着资源化、资产化与资本化迈进

2018 年 12 月 18 日，习近平总书记出席庆祝改革开放 40 周年大会并发表重要讲话，谈道："改革开放 40 年的实践启示我们：创新是改革开放的生命。实践发展永无止境，解放思想永无止境。

恩格斯说：'一切社会变迁和政治变革的终极原因，不应当到人们的头脑中，到人们对永恒的真理和正义的日益增进的认识中去寻找，而应当到生产方式和交换方式的变更中去寻找。'"

大数据作为新技术，以及将大数据朝着资源化、资产化、资本化迈进的新趋势，看得清楚并大为创新利用，无疑是当前这场深刻变革正在经历的事情。大数据，正在日益显著地改良着中国的生产方式和交换方式。很多传统产业是经历变革的主场，突破人类脑力的局限，丰富的数据处理、分析、挖掘让生产生活变得决策更精准，行动更明智。

大数据走向资源化，呈现的是多领域、多地域数据极大化汇聚的趋势，因为汇聚形成规模，从而拥有了意义，开始增值。在政府大数据这里，表现为潜藏在政府各部门各机构故纸堆、档案袋中的沉睡数据开始走出尘封，"跃然纸上"。基于汇聚，海量多元数据相互碰撞，产生出新的"化学反应"。通过充分开发应用产生新价值，避免政府数据资源浪费和流失。在新价值之中，经济价值不可小觑。政府拥有的数据资源可以为政府带来经济利益，大数据呈现出资产属性。

相关资料显示，每创收 100 万美元，银行业平均产生 820GB 的数据，数据强度高居各行业之首。而在相同创收条件下，电信、保险和能源行业数据强度分别为 490GB、150GB 和 20GB。分析人士认为，看似庞大的数据，与政府数据相比也不是一个量级。在中国，无论是从数据资源分布特点，还是从数据资源质量来讲，政府数据是现阶段数量最庞大、价值密度最高、涉足广度最宽的数据资源，其价值远远超过其他任何一个行业垂直领域的数据价值。

政府数据资产，包括政府代行国家管理职能采集的各种公共数据、企业数据、市民数据以及其自有的业务数据等。现有电子政务系统、规划中的"智慧城市"工程以及未来建设的政务系统皆属于政府数据资产。如何加深政府数据资产化？需要对政府数据进行运营。政府数据资产运营进一步刺激数据应用场景需求的产生。数据应用场景、大数据平台以及解决方案边际的加速扩大，将促进政府数据资产运营的纵深释放。围绕实施区域协调发展、新型城镇化等重大战略和主体功能区规划，数据技术打通政、企、学、研单位之间的数据壁垒，实现合作开发和综合利用。

数据资产的经济价值属性，需要在数据的应用中体现。对于政府而言，数据在其管理系统中"休眠"是毫无价值的，只有在政府监管的前提下让市场决定其"打开方式"，才能充分发挥其经济价值，从而为公众提供更加优质的服务。

以"政府数据资产的自身需求"为切入点，以"数据资产的多样化服务"为目标，政府监管下的市场机制，无疑是解决政府数据资产价值释放的有效途径。比如，由政府牵头组织成立政府数据资产管理的企业主体，作为政府数据运营的主体，负责规范组织政府数据运营实施。其建立的目的，是实现政府数据资产的所有权和开发权分离：数据的所有权归国家，管理权归地方政府，开发权归企业所有，由其引进第三方应用开发商、资金提供商对数据资产进行开发利用，深度挖掘政府资产的价值，从而打造一个市场导向的、围绕政府数据资产的产业生态。作为中国领先的大数据资产运营商，九次方大数据广泛参与国内各省市政府大数据建设和运营，截至2018年年底，先后已经与广东、云南、甘肃、福建、新疆、青海、湖北、广西、山西、黑龙江、贵阳、南昌、苏州、青岛等80多个地方政府合资成立城市大数据应用及数据资产运营管理公司，其中省级及市辖市公司已经有 17 个。

由于大数据资产可以复制、递增、共享，以其效益递增可以弥补传统资源效益递减，这样就改变了以往资源的投入、组合和利用方式，加之依托数据资产运营延展了资源配置平台，使经济发展中的动力机制、要素依赖、创新驱动、思维模式、企业组织架构等均发生了明显的变化。以往经济增长方式高成本、低效益，效益呈递减趋势。在信息时代，大数据成为重要的生产要素，经济发展方式是低成本、高效率，而且效益呈递增趋势。这种发展是智慧、绿色、共享的可持续发展，是发展方式的真正转变。

大数据的资本属性在流通之中体现，如同股票、债券一类金融资本以"资本"的形式在金融市场中交易。数据资产通过大数据交易所实现更大范围的流通和融合共享，通过供需达成价值交换和共赢。

《经济学人》杂志刊文称，一个世纪前，最有价值的商品是石油，今天则是数据。数据是大数据时代的主角和宠儿，对数据的挖掘，就是对主流全球资产价值的开采。

因为数据以其无限循环、永续不枯竭的特质完胜以往各类有价资产，世间万物都会产生数据，只不过近年来数据价值才被发现。作为本世纪第一个 10 年出现的资产新物种，数据带来全球资产价值拐点，其在大数据交易的作用下，实现着价值传播和增值。

有数据显示，2017 年全球数据总量为 21.6ZB，目前全球数据的增长速度在每年 40% 左右，预计到 2020 年，全球的数据总量将达到 44ZB。全球数据体量庞大并不断增长，加上流通共享造成的价值叠加，使数据资产的价值与日俱增，不容小觑。其中，大数据交易贡献了重要力量。

时代变幻看数据，得数据者得未来。数据"掘金"，开放流通是关键。大数据交易冲破数据流通融合的阻碍，汇聚海量高价值数据，挖掘数据价值的最大化。数据资本实现交易，打破了行业信息壁垒，优化提高生产效率，深度推进产业创新。

当前，国家已明确"引导培育大数据交易市场"。2015年发布的《促进大数据发展行动纲要》明确提出，"要引导培育大数据交易市场，开展面向应用的数据交易市场试点，探索开展大数据衍生产品交易，鼓励产业链各环节的市场主体进行数据交换和交易，促进数据资源流通，建立健全数据资源交易机制和定价机制，规范交易行为等一系列健全市场发展机制的思路与举措"。随着大数据交易日臻完善，数据资本价值也将日益凸显。

三、政府数据的融合、共享与开放

（一）数据资源开放共享

认识到数据在新时期具有划时代意义，而中国可开发、可利用的数据80%掌握在政府手中，那么，如何让政府数据充分释放价值，就是问题的关键。中国找到的实现路径，叫作政府数据的融合、共享与开放。2015年10月召开的党的十八届五中全会上正式颁布"十三五"规划，其中明确提出"实施国家大数据战略，推进数据资源开放共享"。自此，各级政府主导，自上而下启动了政府数据融合、共享与开放的步伐。

事实上，中国融合、共享、开放政府数据并非孤例。随着全球主要经济体认识到政府数据的潜在价值，已经陆续掀起政府数据开放运动。在万维网基金会近几年公布的"开放数据晴雨表"在全球报告中，美国、英国、新西兰等国家的政府数据开放指数一直位于前列。数据开放运动被认为显示了数据对经济发展、社会进步的巨大推动力，数据开放是数据开发利用的基础，而政府是数据资源的最大持有者。因此，政府数据开放程度已经成为衡量国家现代化的重要指标之一。

在美国，1966 年通过了具有里程碑意义的《信息自由法》，被视为美国政府数据开放的前身与基础。而将数据开放真正上升到国家政策则要追溯到奥巴马政府上台执政。2009 年 1 月，时任美国总统奥巴马发布了《透明与开放政府备忘录》，承诺要让政府开放程度提高到前所未有的水平。2009 年 12 月 8 日，美国总统办公室和管理与预算办公室联合发布了《开放政府指令》，要求政府在网上开放更多数据，提高公开信息的质量，并明确指出政府数据开放的 3 个原则——透明、参与、协作。2012 年 5 月 23 日，美国联邦政府发布报告《数字政府：构建一个 21 世纪平台以更好地服务美国人民》。纵观 2011 年到 2015 年，美国政府每两年发布一次《开放政府数据计划》，不断扩大政府数据开放的领域。

在英国，《信息公开法》于 2000 年 11 月正式颁布，并于 2005 年全面实施，明确指出公民享有获取政府所掌握信息的权利，并在该法中详细规定了公民获取政府信息的程序、范围和实施机关。2009 年 6 月，英国政府公布了"数字英国"行动计划。2011 年 10 月，英国政府发布了 4 条战略，包括政府云服务、终端用户设备、信息交流技术能力、绿化政府。2012 年 12 月，英国发布了首份《英国公共部门信息的原则》，这为英国各政府部门提供了一套完整的信息原则，并适用于由英国政府创建、搜集、使用、共享、公开、加工的所有信息，旨在使公共部门所有组织在信息使用与管理方面越来越一致，使地方的政策与实践可以依据一系列共同原则与最佳方法。2016 年 5 月，英国政府在首相的反腐败峰会上发布了《2016—2018 年英国开放政府国家行动计划》，提出了政府关于信息访问、公民参与、政府账目和技术与创新的新承诺。

在新西兰，对政府信息公开的重视可以追溯到 20 世纪 60 年代。1962 年通过了《议会专员法》，1975 年改为《行政监察专员法》。1982 年，新西兰政府通过了《新西兰官方信息法》，明确规定任何新西兰人都有权利向政府索要信息，除非有相关法律明确指出属于国家不予公开的机密文件。进入 21 世纪，随着数据化深入，新西兰成为数据开放运动最早的国家之一。2008 年，新西兰发起了开放政府信息与数据计划，旨在保障政府持有的非个人数据与信息更大范围的开发使用，并促使相关机构公开政府数据信息以供公民、社团、企业等使用。2010 年 6 月，新西兰政府通过《新西兰政府开放与授权框架》，为新西兰政府服务机构制定了一套开放许可和原则，政府机关能够据此决定哪些数据应该开放，哪些数据不能开放。2011 年 8 月，新西兰政府发布《开放与透明政府宣言》，指出新西兰政府承诺将会积极公开高价值数据，内阁政府颁布了《新西兰数据与信息管理原则》，规定了公开、优质管理、合理定价、重复利用等原则。

中国加入全球数据开放运动当中，走出了一条适合自己的政府数据融合、共享与开放之路。国务院 2015 年 8 月 19 日通过了中国促进大数据发展的第一份权威性、系统性文件——《促进大数据发展行动纲要》，2015 年 8 月 31 日正式发布。文件从国家大数据发展战略全局的高度，提出了大数据发展的顶层设计，是指导中国大数据发展的纲领性文件。其中"推动数据资源共享开放"被国家信息中心信息化研究部专家解读为整个行动纲要的核心部分。《促进大数据发展行动纲要》的内容架构，其核心即推动各部门、各地区、各行业、各领域的数据资源共享开放。在《行动纲要》正文中，"共享"共出现 59 次，"开放"共出现 36 处，充分显示了数据共享开放对国家大数据发展的极端重要性。

《促进大数据发展行动纲要》明确提出，到 2020 年年底前，将逐步实现信用、交通、医疗、卫生、就业、社保、地理、文化、教育、科技、资源、农业、环境、安监、金融、质量、统计、气象、海洋、企业登记监管等民生保障服务相关领域的政府数据集向社会开放。

中共中央办公厅、国务院办公厅印发的《关于全面推进政务公开工作的意见》则明确提出："加快建设国家政府数据统一开放平台，制定开放目录和数据采集标准，稳步推进政府数据共享开放。"

政府数据融合、共享与开放，不仅是深化信息化发展的关键要素，也成为激发"大众创业，万众创新"的重要源泉，为开创新应用、催生新业态、打造新模式提供新动力，有利于提升创新创业活力，改造升级传统产业，培育经济发展新引擎和国际竞争新优势。从国家机关到民间智库，对推进政府数据融合、共享与开放抱有一致观点。

国务院总理李克强在多个重要场合肯定了政府数据融合、共享与开放的重要价值。2015 年"两会"期间，李克强总理提出："政府掌握的数据要公开，除依法涉密的之外，数据要尽最大可能地公开，以便于云计算企业为社会服务，也为政府决策、监管服务。"

李克强总理在 2016 年中国大数据产业峰会暨中国电子商务创

新发展峰会开幕式致辞中再次强调："信息网络产业发展需要市场主导，政府也大有可为，要推动政府信息共享。"他谈到，政府就要发挥应有作用，特别是要打破一个个互不相连的"信息孤岛"和"数据烟囱"。因为信息从目前看80%的资源掌握在政府部门手里，除涉及国家安全、商业秘密、个人隐私外，都应向社会开放。

中国学界对此反响强烈，纷纷发声。清华大学华商研究中心博士后赵世磊认为，推动政府信息共享将有利于建成综合性数据平台，提高决策针对性。政府部门的数据如果是分割的，国家在进行精确统计的时候，数据也是分割的，无法形成共享的、综合性数据，对各部门行为进行分析。假如打破了数据的孤岛，形成了块数据，把十几个行为的终端全部闭合的时候，每个人的行为、企业的行为、政府部门的行为和整个产业的行为，就形成了综合性的数据平台，这样无论对政府产业发展决策，还是对企业的决策、对个人的决策都将提供有效的针对性。

中国信息协会副会长胡小明认为，数据开放有利于打造阳光政府。在大数据时代，政府应大力推进政府数据开放，使公众能够利用政府所掌握的大量原始数据，更好理解政府的政策措施，更好推动经济社会发展。一方面，大量政府数据开放会使"幕后交易""暗箱操作"等违法违规行为难以藏身。政府数据开放有助于社会各界监督政府机关工作，督促工作人员提高工作效率，减少浪费现象与不作为现象，使政府机关的工作更加讲求实效，真正为民办实事，从而提高政府公信力。另一方面，政府数据开放有利于推动大众创业、万众创新。企业、社会组织和公众直接对政府原始数据进行开发利用，其效率与效益会大大超出原始数据仅由政府机关掌控的模式。政府机关应采取有效的合作方式，将企业、社会组织和公众在数据开发利用方面的创新能力引入政府原始数据管理中，支持鼓励社会力量充分利用政府数据资源推动创新，为大众创业、万众创新提供良好条件。

中国信息通信研究院互联网法律研究中心主任工程师杨筱敏也表示，开放、融合、共享政府数据，有三个方面好处：一是提高政府透明度和工作效率；二是政府数据蕴含着巨大的经济和社会价值；三是开放政府数据可以带来大量创新，从而节省社会成本，提高生活质量，增加就业。

（二）数据免费开放与协议开放的辩证关系

数据开放是当前多个学科领域的研究热点，从不同的研究方向对数据开放进行定义，主要集中于对象、种类、程度、目的、途径 5 个方面。从开放对象看，数据开放是指数据能够被任何人使用和重新分配，公众可以免费、无须授权、无差别地获取数据，强调开放的"非歧视性"和"开放授权性"；从数据种类看，数据开放是由公共机构产生、收集的所有信息，包括地理信息、气象资料、统计数据等，强调开放数据的全面性；从开放程度看，"数据开放是数据链的开放，而且开放的不是单一数据链上的某一元数据，而是包括所有事实、数据、信息、知识所组成的数据集"，强调开放的深度；从开放目的看，数据开放是为了实现数据在虚拟空间的公开、共享和重用，以寻求数据最大限度的获取与重用，强调开放的后续效应；从开放途径看，将数据开放描述为国家机关以及由法律授权形式公共管理职能的社会组织，按照法律规章和一定的互联网协议、技术、框架，向公众公开其所掌握的、用于记录的、与公共利益密切相关的各类事实的物理符号，强调开放的主体和依循的原则。因此，我们可将数据开放定义为政府、企业及社会组织在一定的政策、技术条件下，将自己掌握的原始数据资源免费或按照协议方式提供给公众获取和使用。

近年来，政府数据开放运动兴起。美国、英国等发达国家政府率先启动了各类政府数据开放项目。在中国，国务院印发的《促进大数据发展行动纲要》中明确提出要"建成国家政府数据统一开放平台"。目前，多省市政府先后建设上线了政府数据开放平台，积极响应国家号召。但是，在近一两年中，政府开放运动在全球范围内陷入了发展瓶颈。美国、英国等国家联合成立的开放政府倡议伙伴联盟（Open Government Partnership），其成员国数量在 2015 年增长到 68 个后停滞不前。一直被视为政府数据开放标杆的美国联邦政府，更是倒退到白宫数据开放网站直接被关闭。复旦大学发布的《2018 中国地方政府数据开放报告》显示，多数地方平台在上线之后对后续运维与持续更新的重视程度不够，同时全国仍有接近半数的地方政府其部门数据开放参与度不到一半。另外，根据某一线城市调研数据显示，相当比例的大数据企业认为本市的开放政府数据对其毫无用处，他们更热衷于"购买"数据。一线城市尚且如此，其他地区的情况可想而知。"开放不是目的，最终的目的是通过数据的开放促进应用，推动产业的发展，这才是根本目的。"贵阳市信息产业发展中心主任、高级经济师曹谦在接受媒体采访时如是说。《促进大数据发展行动纲要》中也指出，率先在重要领域实现公共数据资源合理适度向社会开放，从而"带动社会公众开展大数据增值性、公益性开发和创新应用，充分释放数据红利，激发大众创业、万众创新活力"。

数据开放在发展进程中会出现两个分支：一个是免费开放，另一个是协议开放。

免费开放就是在不违背相关政策法规且不影响公共利益的基

础上，免费向公众开放，使社会上任何人均能够获取及应用的相关数据，均能够开发利用这些数据，并且通过各种形式使人们的实际需求能够得到满足。但是在实际进程中，由于没有合理配置各利益相关方的权责，政府部门不仅缺乏有效的内在动力，更被过重的责任负担牵绊，造成开放数据质量不高、数量有限，政府不敢开放、用户无法使用的尴尬局面。

协议开放是指通过签署数据开放授权协议，以著作权许可、数据定价收费、数据分类等方式，明确授予用户获取、不受歧视、自由利用、自由传播与分享"开放数据"的权利。

著作权许可：政府通常是公共数据库的建设投资方，《中华人民共和国著作权法》第14条规定："汇编若干作品、作品的片段或者不构成作品的数据或者其他材料，对其内容的选择或者编排体现独创性的作品，为汇编作品，其著作权由汇编人享有，但行使著作权时，不得侵犯原作品的著作权。"如果一个数据库在数据内容的选择上能够体现其独创性，无论其内容编排是否有独创性，就可以判定该数据库满足著作权独创性要件；或者，如果这一数据库在内容的编排上有独创性，无论其在内容选择上是否有独创性，该数据库也满足著作权独创性要件。由此，政府可与公共数据的特定受益人签订许可使用协议，并要求有偿使用。

数据定价收费：通过评估数据属性、数据利用目的、数据价值竞争性、用户消费能力、应用场景和数据加工难度等，通过多种定价方式实现数据收费使用，使数据价值得到充分释放，惠及民生。

数据分类：制定开放数据豁免清单，对政府、商业、个人等层面数据进行详细分类，在保证数据安全的同时，实现政府数据资产价值的最大化。

政府许可协议是数据开放法规制定的重要环节，是从法律层面约束政府与用户行为的重要政策，通过具有法律效力的协议落实政府与用户的权责，从而提高政府数据的利用效率，最大化地释放数据价值。目前，我国政府数据开放中存在着短板，只有北京、上海、贵州、广州等少数几个地方平台的授权协议全部明确授予了上述权利，相关数据开放平台极少配有授权许可协议，数据安全面临严峻考验。

数据的免费开放与协议开放并不冲突，免费开放是协议开放的前提，协议开放所带来的收益又能平衡政府其他公共服务项目的支出。在特定的空间和时间范围内，免费开发与协议开发又可相互转化。二者相辅相成，更深层次地挖掘公共数据价值，创造出更大的社会效益。笔者倡导建立免费开放与协议开放相结合的数据开放制度，这种模式应是政府数据开放未来发展的方向。

四、政府数据"红黄蓝三色论"

（一）政府数据的定义与边界

从狭义的角度理解，政府数据指政府所拥有和管理的数据，如典型的公安、交通、医疗、卫生、就业、社保、地理、文化、教育、科技、环境、金融、统计、气象等数据。

从拥有的独特数据类型来看，政府大致拥有 5 类独特数据，分别为：政府资源才有权利采集的数据，如资源类、税收类、财政类等；政府资源才有可能汇总或获取的数据，如建设情况、农业总产值、工业总产值等；因政府发起才产生的数据，如城市基建、交通基建、医院、教育师资等；政府的监管职责所拥有的大量数据，如人口普查、食品药品管理等；政府提供的服务的客户级消费和档案数据，如社保、水电、教育信息、医疗信息、交通路况、公安等。

从数据属性来看，政府数据可以分为自然信息类（地理、资源、气象、环境、水利等）、城市建设类（交通设施、旅游景点、住宅建设）、城市健康管理统计监察类（工商、税收、人口、机构、企业、商品）和服务与民生消费类（水、电、燃气、通信、医疗、出行）等。

从广义角度讲，政府数据是通过大数据技术将政务相关的数据整合起来应用在政府业务领域，赋能政府机构，提升政务实施效能。这些数据包含了政府开展工作产生、采集以及因管理服务需求而采集的外部大数据，为政府自有和面向政府的大数据。

作为世界人口大国，我国政府数据资源储量极为丰富，广泛存储于各地、各级政府机关院所等不同单位、不同部门、不同系统甚至不同网络环境中，涉及工商、税务、交通、医疗、教育等领域，数据种类繁多，涉及百姓生活，数据质量较高，其潜在价值十分可观。但大部分政府数据属于非结构化数据，距离海量（volume）、速度（velocity）和多样性（variety）的 3V 属性还有一定距离，亟待存储与处理。

从战略角度而言，目前各地在大数据"战场"上的差距并不大，规模大、来源复杂、价值高但利用率低，均制约着政府数据价值的开发。地方政府如果能将这部分数据妥善地加以利用，就可以更好地了解资源使用情况、政府开支情况、土地交易和管理情况，不仅将强化政府责任，提升治理能力，还能提高资金支出效率，为人民提供更多更好的服务选择。

2016 年，李克强总理在贵阳数博会期间表示："目前信息资源

80% 掌握在政府部门手中，除涉及隐私之外，其他信息都应该向公众和社会开放。"相较于过去各类政府数据分属不同部门，数据割据难以让庞大的数据存量发生碰撞，政府数据难以真正成为重要的基础性战略资源的状况。如今，我国的国家大数据战略有一张清晰的时间表，几乎每一个战略步骤都与政府数据开放息息相关：2017 年年底前，各政府部门要明确数据共享的范围边界和使用方式；2018 年年底前，建成国家政府数据统一开放平台；2020 年年底前，逐步实现民生保障服务相关领域的政府数据向社会开放。在时间表下按计划稳步开展，完善数据共享融合实现价值激活，成为各个地方政府的重要任务之一。

尽管政府数据开放是当下各国推进大数据应用的主要战略，然而服务于大数据应用的数据开放，既不同于过去的信息公开，也不同于旨在提升政府运营效率和治理能力的信息共享，政府必须对数据开放及相关制度有全面深刻的理解，才能正确地实施数据开放战略。

推动政府数据开放，首先要厘清"政务数据"和"政府的数据"的区别。政务数据和政府的数据，两者有很大区别。政务数据主要是指政府办公形成的数据；而政府的数据范围更广，涵盖了自然而然汇聚的各种数据。以气象数据为例，气象数据既包括气候资料也包括天气资料，前者是整个气候系统有关原始资料的集合和加工产品，后者是为天气分析和预报服务的一种实时性很强的气象资料。其中，天气预报就属于政务数据，而大气星云数据属于卫星接收数据，则归属政府的数据。政府数据公开并不是数据普遍公开的概念，而是指政务数据的公开。很多人认为政府数据开放是要开放所有政府的数据，这个想法是错误的，这里其实推动的是政务数据公开。

其次，推进政府数据开放，不仅仅是一个技术问题，还涉及数据背后的权力和利益的再调整，必须在制度建设层面进行顶层设计，通过搭建规则、搭建秩序，明确数据开放的权利和义务，界定数据开放的边界和责任，为数据开放提供制度保障。其中，要重点拟定开放数据分类标准、数据获取技术开放申请流程与数据开放接口的实施政策，树立政府数据采集质量保障和安全管理标准，保证开放数据的可用性和可访问性，指导推进全国各级政府数据开放。同时，完善大数据管理局等数据管理机构，加快制定数据开放的总体规划、实施方案并组织落实。现阶段，有条件的城市要基于城市需求和自身特色，吸引社会力量对开放数据进行开发利用，创造社会价值，再反过来激励政府部门开放更多数据，构成正向闭环。贵阳市作为国家大数据（贵州）综合试验区的核心，已经在政府数据开放领域取得新的突破。

2017 年 5 月 1 日起，正式实施的全国首部关于政府数据利用服务的地方性法规——《贵阳市政府数据共享开放条例》，明确了政府数据共享开放的定义、责任和原则，可归纳为"五个 W"："who"——哪些部门开放数据；"which"——先开放那些数据；"what"——申请数据开放的程序；"where"——公开数据有哪些用途；"how"——如何保障数据开放。

华东政法大学教授高富平、中国互联网络信息中心副主任张晓在《人民论坛》撰文中，给出了实施政府数据开放应有的制度架构：

第一，确认公共机构对公共数据的管理权。赋予公共机构对数据的管理权，一方面是赋予其维护编制数据的权利，另一方面则是施加给其持续向社会供给可用数据的义务。

第二，建立公共数据分类开放制度。要根据数据性质、用途，数据上可能存在的权益等因素对数据进行科学分类，建立无条件开放、有条件开放和不予开放的数据分类体系和清单，并对有条件开放的条件及其适用作出清晰界定。

第三，以不同类型数据许可协议实施数据开放。政府数据开放多以政府运营的公共数据库为基础，对于无条件开放，运营机构可以发布标准化的数据自由使用许可协议，明确可以自由、免费、无任何限制地使用的数据范围和使用规则，尤其是明确使用人的义务。如果是有条件的开放，那么应当基于开放数据范围或类型，与具体使用的情况为基础签署"数据使用许可协议"，明文确定使用人的数据使用范围、用途、使用方式、使用的禁止条款、违约责任等内容。

政府数据资源正走向"集约整合、全面互联、开放共享、协同共治"的新阶段，从简单地满足知情权到数据可用，从数据可用再到数据创新，从参与治理到治理创新，无不对数据开放提出新的要求。针对政府数据开放，建立政府数据资源目录清单，正确树立边界意识，清楚哪些数据可以开放，哪些不可以开放，并以清单为基础，充分利用大数据、云计算等先进技术手段，整合集成各部门可开放的数据资源，开展各种类型的创新应用，将有利于推进政府管理和社会治理模式创新，实现政府决策科学化、社会治理精准化、公共服务高效化，助力教育、就业、社会保障、医疗、交通、扶贫等广大人民群众普遍关注的问题得到有效解决，完善基于大数据核心技术、新一代信息基础设施、政府数据资源和社会数据资源规划、网络空间治理等方面的数据安全法规制度、标准体系和科学规范，维护人民群众利益、社会稳定和国家安全。

（二）政务数据和政府数据就像"地表水"与"地下水"

中国可利用、可开发、有价值的数据80%掌握在政府手中，而使之融合、共享、开放实现价值释放，需要先对这部分数据进行深入了解，建立完整认知。

在众多大数据相关领域企业铺天盖地、大张旗鼓对政务数据开展"猛攻"之时，九次方大数据认识到，政务数据与政府数据有深层关系。我们认为，政务数据不等同于政府数据，政务数据如同"地表水"，最大的特点是流动性强、更新迅速，相对容易发掘采集，比如每天的行政审批，源源不绝地产生新鲜的数据；而政府数据则如同"地下水"，经过时间的沉积，门类繁多、来源复杂，价值更高，亟待发掘。对待"地表水"政务数据和"地下水"政府数据，既要合理开采，也要合理保护。开采要有步骤、有分寸、有方法；保护要有范畴、有规则、有红线。

赋能政府手中的数据，应覆盖政务数据开发利用以及政府数据开发利用。不对其进行区分，很可能涉及政府涉密数据、民众隐私数据，动辄影响到国家利益、民众利益，尤其需要审慎对待。政府数据有价值，更要界定哪些数据可利用、可开发，各级政府如果能将这部分数据妥善地加以利用，就可以更好地了解资源使用情况、政府开支情况、土地交易和管理情况，不仅能强化政府责任，提升社会治理能力，还能提高资金支出效率，为公众提供更多更好的社会服务。

不断从"地表水"开采走向"地下水"挖掘，将政府数据引向价值的"深度释放"，是全球主要经济体当前的主流认知和做法。开放政府数据不是目的，通过开放、融合、共享政府数据，为用户、政府和社会创造价值才是目的。

为了促进政府数据资源的开发和利用，2015 年 1 月 9 日，第一届"中国政务大数据开放论坛"在北京举办，国家信息中心专家委员会副主任宁家骏在会议中指出，数据开放已经成为当今世界各国的共同趋势，大数据加快了政务网站应用的发展，应用的发展反过来促进了政府数据开放。2015 年 7 月 1 日，国务院办公厅印发《关于运用大数据加强对市场主体服务和监督管理的若干意见》，要求以社会信用体系建设、政府信息公开、政府数据开放为切入点，运用大数据、云计算等现代信息技术，提高政府服务水平，释放市场活力，激发创新，优化企业发展环境。国家政务信息系统整合共享专家组专家周德铭认为，充分利用国家政务数据中心的资源目录和共享、开放、服务大平台，开展政务信息资源的共享、开放和服务，是《"十三五"国家政务信息化工程建设规划》的重要内容。构建国家数据共享交换工程、国家公共数据开放网站、服务平台和国家政务数据中心的统一大平台，是中国政务信息化发展的必然要求。

一系列政府开放数据文件的出台，预示着中国各级政府部门对开放政府数据的关注和重视程度不断提高。

在开采"地表水"、挖掘"地下水"方面，美国的经验可以给予我们一定的启示。自 2009 年起，随着一系列诸如《透明与开放政府备忘录》《开放政府指令》等法案的实施，美国成为第一个开放政府数据的国家，并在全球范围内掀起了纵深挖掘政府数据的大潮。美国是如何一步步推动政府数据挖掘走向深入的？

美国经历了形成框架，政策出台，整合美国政府数据门户 data.gov，设立多个网站协同推进政府数据公开化、透明化的几个阶段。

data.gov 是美国政府组织建立的全球首个可自由获取数据、用户可与政府互动的开放网络数据共享平台，2009年5月21日上线，来自美国的11个政府机构提供了最初的76项数据集。平台具有数据量大、主题丰富、一站式数据整合、数据类型多样、开放程度高等特点，以改善公众对联邦政府相关数据收集、利用能力，加快信息化和民主化建设进程，提高政府效能为建设目的。网站设置了数据、主题、影响、应用程序、程序开发、联系6个板块；根据网站各个板块的实际内容，将网站面向用户的数据服务分为数据提供、数据检索、数据利用、用户的交流与互动4个方面；数据集则分为农业、商业、气候、消费者、生态系统、教育、能源、金融、健康、当地政府、海洋、制造业、公众安全、科研14个主题。此后，美国还先后建立起政府支出披露网站、追踪经济刺激政策信息网站、IT项目监督网站、政府表现监督网站、政府奖项网站、民意征集网站，等等。

美国开采"地表水"、挖掘"地下水"的经验在于，建设一站式的政府数据开放平台；基于用户需求逐步开放政府数据；以用户为中心，提升用户体验；鼓励用户参与，发挥数据价值；将数据开放纳入政府工作绩效评估体系。

（三）什么是政府数据"红黄蓝三色论"

基于对行业的审视与思考，九次方大数据提出了政府数据应用和数据安全的"红黄蓝三色论"。"红黄蓝三色论"将政府数据划分为红、黄、蓝三层：红色部分的数据是关乎国家安全、商业机密、个人隐私，是不可触及的数据，只能为政府所用，不能对外开放；黄色部分的数据作为有价值的数据，脱敏脱密之后，通过协议的方式有序开放，有偿服务于市场；蓝色部分的数据是免费开放共享的政府数据，可以免费向社会大众、各行业提供，这部分数据应该无条件惠及民生。这一分类实现了将不同类型的政府数据按照合适的方式应用到对应的业务中去，在保证数据安全的同时，实现政府数据资产价值的最大化。九次方大数据的LOGO设计，充分体现了数据安全三色论思想。

2014年2月27日，中央网络安全和信息化领导小组宣告成立，其目的是要加强对国家网络安全和信息化工作的统一领导，从战略地位和政策上解决国家网络安全缺少顶层设计的问题。习近平总书记在中央网络安全和信息化领导小组第一次会议上强调："中央网络安全和信息化领导小组要发挥集中统一领导作用，统筹协调各个领域的网络安全和信息化重大问题，制定实施国家网络安全和信息化发展战略、宏观规划和重大政策，不断增强安全保障能力。"

2016年4月19日，习近平总书记作为中央网络安全和信息化领导小组组长在主持召开网络安全和信息化工作座谈会发表重要讲话时明确指出："没有网络安全就没有国家安全。"当前，网络安全问题早已超出了技术安全、系统保护的范畴，发展成为涉及政治、经济、文化、社会、军事等各个领域的综合安全，越来越多地与外交、贸易、个人隐私和权益等交织在一起，涉及政府、企业、个人等各个方面。云计算、大数据、移动互联网的发展应用，促进了信息系统、自动化控制系统、各种网络的融合发展，过去相对独立分散的网络已经融合为深度关联、相互依赖的整体，形成了全新的网络空间。在这个空间中，网络之间、系统之间的边界日趋模糊，管理、运行以及拥有者、用户等主体间的责任难以完全划清。面对新形势、新问题，要按照总体布局、统筹各方的要求，以网络空间的思维和理念开展网络安全工作，在坚持"谁主管，谁负责"的同时更加注重顶层设计和综合协调，在坚持分工负责的同时也要防止简单的分而治之和各自为政现象，更加注重综合治理、体系防范。

2017 年 12 月 8 日，习近平总书记在十九届中共中央政治局就实施国家大数据战略主持第二次集体学习时强调，大数据发展日新月异，我们应该审时度势、精心谋划、超前布局、力争主动，深入了解大数据发展现状和趋势及其对经济社会发展的影响，分析我国大数据发展取得的成绩和存在的问题，推动实施国家大数据战略，加快完善数字基础设施，推进数据资源整合和开放共享，保障数据安全，加快建设数字中国，更好服务我国经济社会发展和人民生活改善。

"推进数据资源整合和开放共享，保障数据安全"两者不可分离。习近平总书记表示，要切实保障国家数据安全。加强关键信息基础设施安全保护，强化国家关键数据资源保护能力，增强数据安全预警和溯源能力；加强政策、监管、法律的统筹协调，加快法规制度建设；要制定数据资源确权、开放、流通、交易相关制度，完善数据产权保护制度；要加大对技术专利、数字版权、数字内容产品及个人隐私等的保护力度，维护广大人民群众利益、社会稳定、国家安全；加强国际数据治理政策储备和治理规则研究，提出中国方案。

在促进政府数据融合、共享与开放的进程中，需要始终保持数据安全意识，尤其是在关乎国家安全、商业机密、个人隐私的情况下，红色警钟长鸣，这部分数据只能服务于政府本身，确保最高安全性。

"安而不忘危，存而不忘亡，治而不忘乱。"国家安全是国家发展的最重要基石、人民福祉的最根本保障。习近平总书记在不同场合多次强调，国泰民安是人民群众最基本、最普遍的愿望。

实现中华民族伟大复兴的中国梦，保证人民安居乐业，国家安全是头等大事。而新时期，国家数据安全已经成为国家安全的重要组成部分。

习近平总书记提出的"国家安全观"强调了构建全方位的国家安全体系，其中"筑牢网络安全防线，提高网络安全保障水平，强化关键信息基础设施防护，加大核心技术研发力度和市场化引导，加强网络安全预警监测，确保大数据安全，实现全天候全方位感知和有效防护"是重中之重。

排除这些关乎国家安全、商业机密、个人隐私的红色数据，有价值的黄色政府数据在脱敏脱密、确保安全性之后，可以通过协议的方式有序向社会开放，加以利用，使之创造价值。

这就需要大数据技术参与其中。数据的脱敏，一般是指对某些敏感信息通过脱敏规则进行数据的变形，实现敏感隐私数据的可靠保护。在涉及客户安全数据或者一些商业性敏感数据的情况下，在不违反系统规则的条件下，对真实数据进行改造并提供测试使用。数据的脱敏脱秘是数据库安全技术之一，这样就可以在开发、测试和其他非生产环境以及外包环境中，安全地使用脱敏后的真实数据集。

通过对数据进行脱敏，在保证数据可用性的同时，也在一定范围内保证恶意攻击者无法将数据与具体用户关联到一起，从而保证用户数据的隐私性。数据脱敏作为大数据平台整体数据安全解决方案的重要组成部分，是构建安全可靠的大数据平台、释放政府数据资源价值必不可少的功能特性。

在政府数据分类中，蓝色数据是可以免费开放共享的政府数据，这部分数据可以无条件惠及民生。可借鉴的地方在于，美国、英国、德国、意大利、加拿大、日本、俄罗斯八国 2013 年签署了一份《数据开放宪章》，其中确立了数据开放的五大原则：开放数据成为规则，注重质量和数量，让所有人可用，为改善治理发布数据，为激励创新发布数据。这一份《数据开放宪章》指出了14个数据开放的重点领域，包括公司/企业登记数据、犯罪与司法数据、地球观测数据、教育数据、能源与环境数据中的污染程度与能源消耗、财政数据当中的地方预算与国家预算、地理空间数据、全球发展数据中的援助与粮食安全数据、政府问责与民主数据、健康数据中的处方数据和效果数据、科学与研究数据中的基因组数据和研究教育活动数据、统计数据中的国家统计以及人口普查数据、社会流动性与福利数据中的医疗保险和失业救济数据、交通运输与基础设施数据当中的公共交通时间表和宽带接入普及率数据，等等。

从某种程度上来说，政府数据就是社会生产资料，需要通过政府数据价值释放，解放和提升社会生产力。

中国于2015年8月31日正式发布了大数据发展的纲领性文件《促进大数据发展行动纲要》，其中明确指出，到2020年年底前，将逐步实现信用、交通、医疗、卫生、就业、社保、地理、文化、教育、科技、资源、农业、环境、安监、金融、质量、统计、气象、海洋、企业登记监管等民生保障服务相关领域的政府数据集向社会开放。这些"民生保障服务相关领域"的政府数据，无疑是民众最为期待对其进行开放开发，同时也是最能够惠及民生、改善社会服务的重点数据。

（四）警惕数据黑洞与数据黑市

政府数据走向开放、融合、共享是大势所趋，在全球范围内皆是如此。然而，数据黑洞与数据黑市一直在这一趋势中如影随形。大量不宜直接向社会公开的数据，比如民众身份、隐私、信用、国家机密等信息，一旦出现数据泄露，甚至流入黑市，将给民众的日常生活、政府公信力乃至国家信息安全造成极大的负面影响。

专栏作家涂子沛在《大数据：正在到来的数据革命》一书中就提到：1977 年，美国隐私研究委员会研究指出，"我们有很多小的、独立的信息记录系统。这些系统，就单个而言，它们可能无关痛痒，甚至是很有用的、完全合理的。但一旦把它们通过自动化的技术整合连接起来，它们就会渐渐蚕食我们的个人自由。这才是真正的危险"。

而为什么当前政府数据泄露的形势显得格外严峻？分析认为，数据集中化加剧了信息泄露时的严重性：以云计算为代表的新技术正在不断推动数据的集中与整合，数据在集中的同时也意味着风险的集中。一旦数据保护的最后一道防线被攻破，黑客在短时间内即可获取大量的、集中存放的敏感信息，加剧信息泄露时后果的严重性。

同时，攻击趋利化使高价值信息的目标性越发明显：以 APT 攻击（Advanced Persistent Threat，高级持续性威胁）为代表，当前越来越多的黑客攻击，其实质是依靠网络技术实施经济犯罪。政府掌握的高价值敏感数据往往成为其明确的攻击目标。

基于此，政府数据库被网络黑客视为炫技的竞技场。在过去的几年，全球多国政府数据泄露事件频出。

2013 年 1 月，全球互联网安全领域首屈一指的 Check Point 软件技术有限公司发布调查显示，在一项对 2 000 多位英国人的调查中，因为过去 5 年里个人数据的不断泄露和破坏，50% 的受访者表示降低了对政府和公共部门的信任。

2015 年 9 月，瑞典交通管理局将资料库及资讯通信服务外包给 IBM 位于捷克的公司以及 NCR 位于塞尔维亚的公司，两家公司在转存资料时出现了疏漏。2016 年 3 月，瑞典秘密情报机构才发现数据泄露并着手调查，前交通管理局负责人因此辞职，但数据泄露已经发生。泄露的数据包括了几乎所有重要的国家安全信息和个人信息，例如：瑞典公路和桥梁的承载能力；空军战斗机飞行员的姓名、照片和家庭地址；警察的姓名、照片和家庭地址；特种部队的姓名、照片和住址；受保护证人的姓名、照片和住址，以及其获得的保护身份；政府和军队所有的车辆所属机构，车辆型号、载重和机械缺陷；警方所登记的公民信息；等等。

2016 年 4 月，叙利亚政府的网络被黑客攻击，43GB 的数据泄露，解压文件之后发现总共有 55 个国家、私人域名（过半的域名是 .gov.sy 政府域名）、274 000 份文件。一个叫 Cyber Justice Team（网络空间正义小组）的黑客组织宣称对此事负责。

2016 年 11 月，美国联邦政府和州政府公布了过去 5 年内所发生的总共 203 次数据泄露事件。在这些数据泄露事件中，总共有 4 700 多万条数据记录被攻击者成功盗取或曝光。这 4 700 多万条数据中，还不包括爱德华·斯诺登所泄露的美国国家安全局（NSA）机密文件以及另一位 NSA 前承包商所泄露的 50TB 政府数据。七大最严重的美国政府数据泄露事件中，美国乔治亚州政府办公室、美国邮政服务网络系统、美国国税局、美国国家安全局、美国政府人事管理办公室都发生过不同程度的敏感数据泄露。

2017 年 12 月，上千个葡萄牙政府部门、军方部队、司法部门、税务机关、警察部门、国家选举委员会、医院、律师事务所、银行、足球俱乐部和各个大型企业的电子邮箱和密码在网上泄露。

在这些泄露邮箱中，共有 1 046 个电子邮箱是以 gov.pt 结尾，即葡萄牙政府官员邮箱，其中有 15 个电子邮箱隶属于前任总理若泽·苏格拉底内阁和前总理科埃略内阁，42 个电子邮箱隶属于部长理事会，36 个隶属于历史与国防部门，99 个隶属于外交部门，330 个隶属于亚速尔地区政府。

除了遭受外部网络黑客攻击造成的数据泄露事件，也有因为政府本身缺乏风险警惕而造成的"主动公开"式数据泄露。2017 年 11 月，印度约有 210 个中央政府以及邦政府相关网站为了展示拥有 Aadhaar（印度国家身份认证系统）ID 的好处，公然披露 Aadhaar 计划内的印度公民私人信息，包括受益人的名单及其姓名、居住地址、其他详细信息以及 Aadhaar 号码以供公众参考。事后，印度唯一身份识别机构（UIDAI）关闭了所有受到波及的印度中央与各邦政府部门网站，并向公众保证将定期开展检查，以预防今后再次发生类似的违规行为。

如今，当人们享受信息时代的种种好处时，当政府深觉数据治理的便利时，隐患早已潜伏在暗处，被披露的政府数据泄露事件很可能仅仅是冰山一角。中国也没能幸免，2015 年 4 月，《经济参考报》报道，按照补天漏洞响应平台给出的数据，围绕社保系统、户籍查询系统、疾控中心、医院等爆出大量高危漏洞的省市已经超过 30 个，仅社保类信息安全漏洞统计就达到 5 279.4 万条，涉及人员数量达数千万，其中包括个人身份证、社保、财务、薪酬、房屋等敏感信息。

政府数据泄露的背后是潜藏的非法利益驱动，甚至是由利益链条串联起的整个"数据黑市"。数据黑市，是指法律明确禁止，或虽然法律没说，但在道德的层面上不允许公开的数据交易市场。黑市上交易的个人信息数据包括姓名、身份证、手机、家庭住址、邮箱，以及个人的账号密码、银行卡信息等。

有公开报道表示，隐私信息被数据黑市明码标价。以个人信用卡和借记卡的信息为例，根据国度区域不同：美国5～30美元，英国20～35美元，加拿大20～40美元，澳大利亚21～40美元，欧盟25～45美元。还有报道显示，在2016年的美国黑市上，每份健康保险凭证可以卖20美元，一份电子病例信息至少可以卖到50美元。

以巴西某犯罪集团为例。该集团安营扎寨于里约热内卢市外的贫民窟，主要贩卖的软件DVD里面有上万笔遭到黑客入侵取得的信用卡号和持卡人资讯。这些犯罪"新创企业"在把DVD卖给其他犯罪分子时，不仅实行购买量大能优惠的营销策略，还提供服务层级协议，保证这里面至少有80%的被盗信用卡号能用，否则"保证退款"。整个数据黑市行业就像正规行业市场一样，由"货源供给商—中间商—非法使用人员"构成交易模式，可谓从数据采集到贩卖一条龙的完整产业利益链。

在贩卖数据信息的过程中，甚至衍生出了黑市数据"新产品"：数据黑市利用社保卡和驾驶执照等不可更改的个人信息来创建假身份；利用医疗保险号码和社会保障号码来创建欺诈性报税表；利用盗取的个人数据（如出生日期）创建新的出生证明……

为填补政府数据泄露漏洞，消除因数据泄露造成的恶劣影响，各国纷纷祭出法律法规严防死守。2016年1月有消息显示，荷兰政府计划实施一项针对报告数据泄露和网络安全事件的法律义务。相关法案彼时已经提交议会二院，要求核心部门政府和公司在发生网络安全事件时向国家网络安全中心汇报。

在中国，2017年6月1日，《中华人民共和国网络安全法》和《最高人民法院、最高人民检察院关于办理侵犯公民个人信息刑事案件适用法律若干问题的解释》正式施行。相关法律法规不断完善，更要重视落实到位。2018 年 5 月，推荐性国家标准《信息安全技术 个人信息安全规范》正式在中国实施。这部由 33 位拥有政策制定、技术标准、企业实践经验的专家共同起草，历经两年多博弈的规范对个人信息收集、保存、使用、流转等环节提出要求，填补了国内个人信息保护在实践标准上的空白。

五、数据资产运营五部曲

（一）打井：数据抽取是基础中的基础

伴随着云计算、大数据、物联网、人工智能等信息技术的快速发展和传统产业数字化的转型，全球数据量呈现出几何级增长的态势。数据的基数大、增速快，为发展大数据应用提供了充足的养料。如何进行数据抽取，即如何在庞大海量的数据中适时抓取需要的数据源，是发展大数据应用、启动数据资产运营基础中的基础，是"万里长征的第一步"，我们称之为"打井"阶段。

做数据分析前，能够找到合适的数据源是一件非常重要的事情：数据不足，无米难以成炊；而数据没有针对性、指向性、相关性，则无法推演出精准的数据分析结果。这就需要做好数据抽取。

什么是数据抽取？就是抽取相关数据的过程。数据抽取的挑战性包括：数据多种多样；数据量大，变化快；如何保证数据抽取的可靠性等性能；如何避免重复数据；如何保证数据质量。数据抽取，重点关注的是如何做到高可靠、高性能和高扩展的数据收集。

目前，通过公共数据库、爬虫技术，以及数据交易、应用采购方内部数据提供、付费 API 等方式，可以获取到需要的数据。

比如常用的公共数据库，有经典的机器学习、数据挖掘数据集 UCI，包含分类、聚类、回归等问题下的多个数据集；想获得国家数据，可以选择中华人民共和国国家统计局，包含中国经济、民生等多个方面的数据，并且覆盖了月度、季度、年度数据，既全面又权威；CEIC（环亚经济数据库）有最完整的一套超过 128 个国家的经济数据，能够精确查找 GDP、CPI、进口、出口、外资直接投资、零售、销售以及国际利率等深度数据，其中的"中国经济数据库"收编了 300 000 多条时间序列数据，数据内容涵盖宏观经济数据、行业经济数据和地区经济数据；被誉为"中国 Bloomberg（彭博）"的万得资讯（Wind），在金融业有着全面的数据覆盖，金融数据的类目更新非常快，颇受中国商业分析者和投资人的青睐；亚马逊的跨科学云数据平台，包含化学、生物、经济等多个领域的数据集；研究成果共享平台 Figshare，在这里可以找到来自世界的最新研究成果分享，可以获取其中的研究数据；GitHub 是一个非常全面的数据获取渠道，包含各个细分领域的数据库资源，自然科学和社会科学的覆盖都很全面。

在美国，如果想获得政府开放数据，可以选择 data.gov 以抽取包含气候、教育、能源金融等各领域美国政府开放数据；在中国，北京市政务数据资源网、深圳市政府数据开放平台、上海市政务数据服务网、贵州省政府数据开放平台等数据库，是数据的集大成者。

通过爬虫技术抽取有价值的数据，同样有的放矢。比如财经数据，可以选择新浪财经、东方财富网、中财网、黄金头条、StockQ、Quandl、Investing、Market Data Feed and API 等；网贷数据有网贷之家、零壹数据、网贷天眼、76676 互联网金融门户等；公司年报首选巨潮资讯、SEC.gov、HKEXnews 披露易；创投数据选择 36 氪、投资潮、IT 桔子；社交平台数据，可浏览新浪微博、Twitter、知乎、微信公众号、百度贴吧、Tumblr 等；就业招聘类有拉勾、中华英才网、智联招聘、猎聘网等；餐饮食品类有美团外卖、百度外卖、饿了么、大众点评等；交通旅游类有 12306、携程、去哪儿、途牛、猫途鹰、驴妈妈、途家等；电商平台类有亚马逊、淘宝、天猫、京东、当当、唯品会、聚美优品、1 号店等；影音数据类有豆瓣电影、时光网、猫眼电影专业版、网易云音乐等；房屋信息类有 58 同城房产、安居客、Q 房网、房天下、小猪短租等；购车租车类有网易汽车、人人车、中国汽车工业协会等；新媒体数据类有新榜、清博大数据、微问数据、知微传播分析等；分类信息有 58 同城、赶集网等。

另外，数据交易也是有价值数据获取的重要途径。比如由国家信息中心发起的优易数据，拥有国家级信息资源的数据平台，是国内领先的数据交易平台。平台有 B2B、B2C 两种交易模式，包含政务、社会、社交、教育、消费、交通、能源、金融、健康等多个领域的数据资源。国家高新技术企业贵阳大数据交易所，是中国乃至全球第一家数据交易所，其可交易的数据产品超过 4 000 个，服务超过 2 000 家数据交易会员企业，综合性、全品类交易平台涵盖 30 多个行业领域，累计斩获 20 项软件著作权。

九次方大数据设计研发了自有品牌的数据抽取平台。它是一款基于云计算技术架构的互联网数据收集平台，具备强大稳定的全网数据搜索和采集能力，保证了数据抽取的安全性、准确性和可用性。可以一键输入网址将网页杂乱无序的数据转换成结构化数据，以数据库或 EXCEL 等多种形式进行存储，为后续的数据分析提供不竭的数据源。最新版本的产品采用国际领先的机器学习与数据挖掘算法，可实现一键输入网址导出数据，帮助用户进行电商价格监控、舆情分析、市场分析、风险监测、品牌检测等操作。

其主要功能方面，包括通用性数据采集、先进性分布式云采集、通用的数据 API 接口、多用户协作管理平台。

通用性数据采集：全网通用，采集范围覆盖国内外众多主流网站，支持多语言采集。利用先进的浏览器网页解析技术，精准识别采集目标，自定义采集内容，过滤无关链接和广告等垃圾数据。无需专业知识，会上网即可进行使用。

先进性分布式云采集：运行稳定性强，采用先进的云计算分布式架构，保证了采集进程 7×24 小时稳定运行。海量数据高效采集，采用分布式云集群部署方式，集群可以进行热插拔，规模大小可以灵活变动云采集定时控制计划；采集任务可以设置定时执行计划，自动采集，自动存储导出，实现真正的无人值守。

通用的数据 API 接口：系统将采集到的非结构化和半结构化互联网数据，经过数据系统处理后，得到标准化高价值的数据，存储到传统关系型数据库中，通过 API 接口供用户调用，提高数据资源利用率，促进数据共享，提升数据价值。

多用户协作管理平台：匹配多用户管理，可以自主分配用户账号，进行用户权限的管理，利于团队协作；云端调度和云进程监控，可实时监控服务器运载情况，设置任务优先级，分配资源，查看任务进程；数据协作分享，系统内部支持多用户的采集规则，数据上传、共享，提高团队内部协作效率。

举例而言，在政府舆情信息监测的具体应用当中，九次方大数据的数据抽取平台已经可以按照政府的不同需求进行规划，制订针对日常舆情监测、口碑调研、突发事件与个性化定制等不同需求的抽取方案，通过实现互联网舆情全面监测，信息及时采集，达到舆情监测的目的。

同时，九次方大数据利用大数据技术优势进行数据采集和处理，以融合优质数据资源为己任，自主设计研发了"数据源查询中心"，为政府部门数据资源开放共享、行业健康发展、企业快速增长提供更加优质的数据服务，方便用户进行定制化的数据提取。

这一套数据源查询中心，构建了以基础库、风险库 2 个大型数据库为主，以舆情库、宏观经济库、行业库等多个特色库为支撑的数据库系统，融合了数据查询、雷达监测、受益人核验、风险预警、投资分析、舆情热点、实时监测等多项功能。数据涵盖 12 个类目、40 多个数据项、1 500 多个数据字段，企业数量超过 1.46 亿家，数据总量超过 3 亿条。另外，数据源查询中心重视用户需求与用户体验，搭建了高效、快捷、易用的企业信用数据查询体系，能够根据用户的自身需求提供私人定制化的企业数据监控、风险预警等服务。

数据源查询中心以深化社会信用体系建设为出发点，以政府数据资源开放共享为基础，通过穿透式数据资源交叉、关联，全方位呈现市场主体的信用数据，建立社会信用数据库和信用数据查询网络，以期实现信用信息的公开、透明、共享，破除信息交流的障碍，让人们能够便捷地掌握交往对象的信用信息，更好地防范信用风险。

数据源查询中心按企业信用体系（企业相关）和个人信用体系（个人相关）来汇集数据。社会信用数据，融合了工商、税务、司法、海关、食药监在内的 74 个部委单位、32 个省市政府的企业相关数据。个人信用数据（须授权），按照数据性质的不同可划分为四大模块：数据核验、社交通信、黑名单、交通出行。

功能上，包括综合查询功能、企业受益人核验功能、雷达监测功能。

综合查询功能：为用户提供快速查询企业工商信息、法院判决信息、关联企业信息、法律诉讼信息、年报等服务。

企业受益人核验功能：主要针对企业主体与自然人主体之前的责、权、利益关系网络。通过企业法人、股权关系、成员信息等相关数据，进行企业经济、权益网络描绘。通过企业法人、股权关系、成员关系的逐层拓扑挖掘，最终确定企业受益自然人。

雷达监测功能：能够根据用户的个性化需求，有针对性地进行相关企业、数据的实时监测、反馈，获取近期内所有与变更、异动相关的统计数据，可根据需要设置"我的雷达企业"。

（二）铺管道：促进辖区内各部门数据融通共享

数据的融通共享是释放数据价值的必由路径。数据具有天然的外部性，数据主体认为没有价值的信息对其他数据需求方来说可能存在很大价值。

目前，我国大数据的巨大商业价值还未被充分挖掘，具有价值的数据大部分集中在政府内部、大型国有企业以及互联网巨头之中。而分散的数据无法挖掘出大数据的巨大价值，不利于数据经济蓬勃发展，亟待政府和企业有序、安全地开放数据资产。

然而，如何汇聚数据资源，是不同领域与地方政府均面临的棘手难题。

1. 政府数据共享开放难

我国政府掌握着绝大多数的数据，政府作为政务信息的采集者、管理者和占有者，具有其他社会组织不可比拟的信息优势。但由于受信息技术、条块分割的体制等限制，各级政府部门之间的信息网络往往自成体系，相互割裂，相互之间的数据难以实现互通共享，导致目前政府掌握的数据大都处于割裂和"休眠"状态。我国政府数据开放现在主要面临以下四个方面的问题：

第一，不愿共享开放。政府部门长期以来各自为政，把数据开放当成自己的权力而不愿意共享。这既是认识的问题，也是利益分配的问题。一些政府部门和公共机构没有意识到数据共享开放背后的价值，有些政府部门和公共机构把自己掌握和获取的数据作为自己利益和权力的一部分，甚至看成私有财产不愿共享开放，造成不同部门之间的信息壁垒。另外，我国在数据共享开放方面的法律法规、制度标准建设有待进一步完善，没有形成数据共享开放的刚性约束，市场不健全也导致了数据共享开放动力不足。

第二，不敢共享开放。我国当前尚缺乏严格规范数据共享开放的法规制度，相关人员担心政务数据共享开放会引起信息安全问题，担心数据泄密和失控，对数据共享开放具有恐惧感，不敢把自己掌握的数据资源向他人共享开放。政府数据不应该共享开放而共享开放，或者不应该大范围共享开放而大范围共享开放可能带来巨大的损失，甚至危及国家安全。而《中华人民共和国保密法》中对定密、解密程序、泄密处罚以及救济机制等重要制度设置已落后于实际发展的需要，导致政府部门对共享开放数据过于敏感和谨慎。

第三，不会共享开放。目前，我国尚未出台法律对数据共享开放原则、数据格式、质量标准、可用性、互操作性等作出规范要求，导致政府部门和公共机构数据共享开放能力不强、水平不高、质量不佳，严重制约了大数据作为基础性战略资源的开发应用和价值释放。

第四，数据中心共享开放作用不强。在我国大数据产业发展迅猛的当下，大数据产业也存在资源开放共享程度低、数据价值难以被有效挖掘利用、安全性有待加强等问题。尤其伴随着大数据热潮，重复建设问题也浮出水面：我国投建了大量数据中心，其中很多中心因为缺乏运营经验而处于闲置状态，很少发挥作用，而很多城市却仍在斥巨资建设新的数据中心。

2. 企业数据市场普遍刚刚起步

大数据产业，既独立于行业，有自身的产业链条，又依赖于各个行业，形成大数据应用的广度与深度。目前，国内进行的数据共享主要围绕数据互换、数据定价、数据反馈等层面来进行。普遍来说，数据交易市场目前还处于发展初期。未来，数据交易市场还将从服务、IT 应用、行业开发等各个方面来形成数据产品，进行流通。

目前，企业数据共享开放主要有以下两个方面问题：

一是信用机制不健全，政企数据共享不畅。目前，一些上市数据如股权占比、科研数据都是价值密度比较高的"沉睡"数据。围绕共享，政府、企业与个人之间的合作关系需要信用来支撑。数据监管存在盲区，数据共享存在障碍，数据泄露难以惩处，政府与企业信息共享中存在责任风险。由于政府与企业之间缺乏信任机制，无法评价企业是否可信，也难以控制企业的数据使用行为，因此政府部门公共信息很难开发，能不共享的尽量不去共享。

二是数据分散较为严重，影响了数据共享开放。由于信息技术不断发展，企业 IT 系统逐渐完善。企业 IT 系统建设初期缺乏统一的规划和部署，企业根据自身业务不断完善自身具体业务系统。单独来看，每个业务系统运行良好，都积累了大量业务数据；然而，由于解决业务的问题不同，采取的业务框架不同，系统运行环境各异，造成了数据分散在各个应用系统中，形成了"数据孤岛"。

此外，信息安全一直是一个无法逾越的关键问题。因此，如何进一步促进各行业、各领域数据的流通，是当前大数据商业模式的基础和前提。

大数据作为一种最重要的可再生资源，并不存在"过时"或"过热"，只有铺设完成数据管道，才能实现更大程度的数据融合共享，释放政府数据价值，同时支持更多中小企业进行大数据创业，否则谈数据的互联互通，将永远停留在空中楼阁。

目前，业内形成普遍共识，即城市在发展数字经济过程中，可以运用数据资产运营方式，构建数据流动新通道，结合当地经济特色，提升政府数据资源应用效率，避免重规划、轻运营；挖掘大数据与传统产业的结合点，培育出交叉融合的新业态，以提升城市数字经济的未来发展水平和质量，大幅度提升产业附加值，助推城市实现跨越式发展。

通过数据管道的打通与建立，在广东，大数据推动当地传统产业转型升级；在青海，大数据在生态环保、社会维稳方面发挥重要作用；在丽江，大数据解决支柱产业痛点，实现旅游行业转型升级；在重庆，大数据服务重庆农村大数据试点建设；在江苏，吴中城市大数据中心拓展吴中区城市大数据应用发展空间，助推城市治理跨越式发展……不难看出，潜心挖掘各地数据需求，并加速铺设数据管道，是大数据行业发展的必由之路。

（三）建水库："天然水"要经过处理才会变成"自来水"

把"数据"比喻成"水"，两者确实有相似性。它们都是资源丰富、储量惊人，也同样需要一个经过"提纯"而变得有价值的过程。海洋水、湖泊水、河流水、井水、雪水、雨水……这些"天然水"经过适当的处理，都可能变成可以安全饮用的自来水；而数据，从一个多元、异构、纷繁复杂的状态，经过脱敏脱密、建模算法、提取价值等过程，会变成活跃在大数据场景中的有价值的数据源。

数据脱敏脱密，是指对某些敏感信息通过脱敏规则进行数据的变形，实现对敏感隐私数据的可靠保护。在涉及用户安全的数据或者一些商业性敏感数据时，在不违反系统规则的条件下，需要对真实数据进行改造并提供测试使用，比如身份证号、手机号、卡号等个人信息，都需要进行数据脱敏脱密。数据脱敏脱密，是数据库安全技术之一。

生活中不乏数据脱敏脱密的例子，比如最常见的火车票、电商收货人地址都会对敏感信息做处理，甚至拍照时的美颜、视频中使用的马赛克都属于脱敏。

对于数据脱敏脱密的程度，一般来说，只要处理到"无法推断原有的信息，不会造成信息泄露"的程度即可，如果修改过多，则容易导致丢失数据原有特性。因此，在实际操作中，需要根据商业实际场景来选择适当的脱敏脱密规则，修改姓名、身份证号、地址、手机号、电话号码等和用户相关的字段。

按照脱敏规则，可以分为可恢复性脱敏和不可恢复性脱敏。

可恢复性脱敏，就是数据经过脱敏规则的转化后，还可以再次经过某些处理还原出原来的数据；相反，数据经过不可恢复性脱敏之后，将无法还原到原来的样子。可以把二者分别看作可逆加密和不可逆加密。

数据脱敏脱密，也可以分为静态数据脱敏和动态数据脱敏。静态数据脱敏（SDM）是保护静态数据中特定数据元素的主要方法。这些元素通常包括敏感的数据库列或字段。静态数据脱敏通常是在数据从物理文件加载到测试数据库表中时进行的，之后就可以在开发、测试和其他非生产环境以及外包环境中安全地使用脱敏后的真实数据集了。动态数据脱敏（DDM）是对数据进行动态的、实时的脱敏，通常用于生产环境，它在用户查询到敏感数据时，在不对原始数据做任何改变的前提下，实时对敏感数据进行脱敏，并将脱敏后的数据返回给用户。动态数据脱敏和静态数据脱敏的根本区别在于处理用户查询请求时，是否对数据进行"当时脱敏"。相对而言，动态数据脱敏是更加常见的一种脱敏方式。

数据脱敏的实现原理，实际上包含两个部分：脱敏规则定义和脱敏规则应用。

脱敏规则定义，包括脱敏算法的实现、存储。一个脱敏算法定义了数据的输入、输出和处理过程。典型的开源组件 Hive 等采用了自定义函数的方式实现脱敏规则，并以函数加载的方式将脱敏规则加载到系统数据库中，在需要时进行调用。

脱敏规则应用，实际上就是数据脱敏的执行过程。对于静态数据脱敏，直接应用脱敏规则对指定的静态数据进行脱敏，用户请求查询到的已经是脱敏后的数据；对于动态数据脱敏，在收到用户查询请求，感知到用户查询到敏感数据时才调用定义好的脱敏规则进行当时脱敏。

数据脱敏脱密，益处多多。比如，增加了数据的可管理性：通过对隐私数据进行不同级别的权限管理，实现对隐私数据的访问审批机制；数据泄露风险实现可控：如果依旧发生了数据泄露，经过脱敏的数据对于信息窃取者意义不大；数据泄露实现了可追溯：一旦发生数据泄露，能够保证通过审计日志找到对应的泄露人员。

放到具体行业里，举例而言，在金融大数据应用当中，数据脱敏脱密非常重要。因为金融行业是高度数据化的行业，积累了大量的用户个人数据，如何保证生产环境数据安全已经成为一个行业难题。

尤其是随着金融业务的快速发展，业务生产系统积累了大量包含客户账户等敏感信息的数据。在业务分析、开发测试、审计监管，甚至是外包业务等金融业的工作场景中，工作人员使用的都是真实数据。如果这些数据发生泄露、损坏，不仅会带来经济损失，更重要的是会大大影响用户对该金融机构的信任度。这就决定了相关数据脱敏脱密的必要性。

当前，在加强金融行业监管的大背景下，对数据安全的要求正在不断提高，《中国银行业信息科技"十三五"发展规则监管指导意见》、"人民银行〔2011〕17号"及银监会《商业银行信息科技风险现场检查指南》等行业监管单位指导性文件中明确要求：银行机构应规避信息风险，加强数据、文档的安全管理，对客户的敏感信息提供完善的保护，对用于测试开发的生产数据要进行脱敏、变形，实现有效保护，逐步建立信息资产分类分级保护机制，完善敏感信息存储和传输等高风险环节的控制措施。

除了脱敏脱密，数据建模算法也是数据价值挖掘不可或缺的步骤和路径。数据建模，指的是对现实世界各类数据的抽象组织，确定数据库需管辖的范围、数据的组织形式等，直至转化成现实的数据库。算法是为求解一个问题需要遵循的、被清楚指定的简单指令的集合。

在经过脱敏脱密、建模算法等一系列步骤后，原始的数据变成与具体场景相关的数据资源，实现了由"天然水"向"自来水"的转化。经过处理的合格的"自来水"数据，被用于大数据应用场景当中，通过相互之间的碰撞产生化学作用，形成具有可读价值的分析结果。

"建水库"，使"天然水"经过处理变成"自来水"，是大数据实现功能的必要条件。经由这一步骤，才可能促使形成正确的数据分析，从而使大数据工具发挥出精准分析、指导决策的功能。

从实际案例中可见一斑。比如 2009 年，Google 通过分析 5 000 万条美国人最频繁检索的词汇，将之和美国疾病中心在 2003 年到 2008 年季节性流感传播时期的数据进行比较，并建立一个特定的数据模型。最终 Google 成功预测了 2009 年冬季流感的传播，甚至可以具体到特定的地区和州。

又如，东风风神大数据"动"悉全系目标受众，打破传统促销方式。派择科技应用底层行为数据管理平台 Action DMP 支招东风风神全系营销推广活动，Action DMP 实现全网用户行为元数据、应用元数据、场景元数据的实时无损解析，精准捕获各车型目标受众；通过分析用户行为场景，了解他们的触媒习惯，展开品牌与用户定制化沟通，其中也包括个性化创意载体与沟通渠道组合。项目最终 CPL 成本（基于集客营销的成本）较目标降低 40%。

再如，九次方大数据助力滁州成立国内首个城市健康医疗大数据工作领导小组，将滁州打造为"健康中国"实践样本，建设居民健康档案大数据平台。这一平台汇聚了医疗机构产生的电子病历数据及医院运营相关数据，公共卫生服务机构及基层医疗卫生服务机构产生的健康档案数据，卫计委、人力资源和社会保障及公安等部门产生的基础人口数据。以开放居民健康档案调阅方式与接口，可以实现市域内各级医疗机构以电子病历、健康档案为基础的数据互联互通及医疗服务业务协同，连续记录居民健康数据，满足医务工作者、机构和卫生行政管理人员、居民个人等不同人群的需要。平台依托居民健康主索引服务，整合患者身份识别信息，采用多角度身份认证策略，基于角色、业务、功能和分级授权的用户权限管理体系，对登陆用户进行身份识别。居民个人必须经过身份识别卡（如身份证、健康卡）进行实体卡认证，或通过"身份识别卡号＋预留手机短信"认证的方式进行身份识别；医疗卫生服务人员、机构及行政管理部门调阅档案需经过居民本人授权，防止非法及无权限调阅。

可以想见，大数据平台强大功能的背后，是一系列脱敏脱密、建模算法、提取价值的技术支撑在起作用。

（四）输送"自来水"：数据经过流通渗入城市血脉

归根到底，数据要为人服务。"打井"让纷繁庞杂的"符号"成为数据，"铺管道"让数据汇集，"建水库"让数据脱敏合规，到了"输送'自来水'"这一步，数据开始流动，并开始针对服务的主体"人"进行变化——让"天然水"变成统一制式的、商业上可利用、公众可感知的"自来水"，为进一步"三生万物"做好准备。

经过这一步，数据将进入"城市"这个巨大的场，这是数据为人服务的必要条件。否则，静止的数据无论多庞大，也没有意义。

不难见到，在大数据认知初期，很多地方都在探索大数据如何为我所用。有的认为建起了数据中心，就实现了大数据。其实不然，建设数据中心还只是停留在静止数据这一步。曾经一度，建设数据中心进入无序发展状态，重建设而轻应用。2015年1月底，为纠正这一趋势，国务院专门对外发布了《国务院关于促进云计算创新发展培育信息产业新业态的意见》，对云计算基础设施即数据中心的建设给予了相关的指导和建议。其基本原则中指出，政府将引导地方根据实际需求合理确定云计算发展定位，避免政府资金盲目投资建设数据中心和相关园区，优化云计算基础设施布局，促进区域协调发展。在此原则下，"政府将加强全国数据中心建设的统筹规划，地方政府和有关企业要合理确定云计算发展定位，杜绝盲目建设数据中心和相关园区"。

始终围绕"大数据应用"做文章的市场化企业，如九次方大数据，看到了做一个"自来水公司"的市场价值和意义。让数据流动起来！让数据为城市服务，为人服务！这才是数据的经济价值！换句话说，就是做好一切数字化准备，凸显以数字驱动城市运转、决策的智能化特征，打造数字城市，构建数字经济，实现数据财政。

输送"自来水"，解决数据的流通问题是大数据产业发展的必由之路，也是数据资产运营五部曲中关键的一步，更是中国大数据产业发展的必由之路。交通、住房、教育、医疗、家政、金融等与人们生活息息相关的各领域，因数据互联互通为大数据产业注入动能，释放出"数字红利"。数据只有在流通、共享、应用中才能创造价值，实现质量、效率、动力变革。政府对大数据的支持程度和开放力度决定了数字经济能走多远，政府需要考虑如何通过合适的方法把数据共享出来，让数据流动起来。

这就需要市场化企业对数据进行加工处理。在经过脱敏、清洗、建模、分析等流程后，政府数据由可开发的"地下水"变成商业上可用、公众可感知的"自来水"，这些"自来水"数据将被应用于其他领域，通过加工生产出所需要的产品"可乐"。

政府数据价值的释放，将带动社会进行增值开发和创新应用，助力我国许多行业创新转型——精准营销、智能推荐、金融征信等新业态新模式蓬勃发展，涌现出个性化定制、智慧医疗、智能交通等大数据应用示范，对推动经济发展、完善社会治理、提升政府服务和监管能力具有重要价值。

统计显示，青岛、西宁、开封、鞍山、泰州、丽江、苏州等 80 余个地方政府，已陆续携手市场力量合作开发政府数据，将政府数据价值发掘出来，输送和传递出去。在数字中国建设的新时代，将有越来越多的城市，在城市数字引擎的驱动下释放不可限量的政府数据资产价值，有目标、有步骤地推进城市革新与转型。

在未来，每个城市都会有"五张网"——自来水网、电网、燃气网、路网、数据管网。一个城市的政府数据将像城市的基础设施一样，应该是无处不在、可利用并且是可持续利用的资源。

在大数据、云计算等技术的支持下，城市数据管网将以数据为核心，通过进一步梳理城市内外的生产要素，构建数据通畅、安全的开放和流通渠道，实现城市全局的即时分析，规划提供强大的决策支持的同时，有效调配公共资源，加强科学性和前瞻性的城市管理服务，推动城市可持续发展，驱动城市内外的数据要素有序流通。在数据价值驱动数字城市发展过程中，应该结合当地经济特色，提升数据资源应用效率，避免重规划、轻运营；挖掘大数据与传统产业的结合点，培育出交叉融合的新业态，以提升城市数字经济的未来发展水平和质量，大幅度提升产业附加值。

（五）生产"可乐"：数据增值，点滴应用，波涛之势，不可阻挡

在经过了"打井""铺管道""建水库""输送'自来水'"之后，数据资产运营到达了生产"可乐"的关键一步，即"应用场景变现"，把数据资源加工成商业上可用、公众可感知的数据产品，实现从应用场景到大数据产品的跨越。通过生产"可乐"，应用场景将实现"小用途、大延伸"的叠加和累积，数据将实现价值增值。

什么是大数据应用场景？为什么应用场景设计对于大数据产品诞生如此重要？

举例而言，在进行电力领域大数据产品研发中，不仅需要选取来自数据采集与监控系统、生产管理系统、配电管理系统、客户服务系统的内部数据，也需要涉及互联网、气象信息系统、地理信息系统等外部数据。通过数据抽取、数据转换、数据加载等处理技术参与，针对不同问题设计出不同的应用场景。

应用场景是大数据产品在使用时，用户最有可能所处的场景。在设计应用场景时，需要解决用户哪些具体的问题，都必须调查清楚，逐个破解。基本上，每一个解决的具体问题，都对应一个具体的应用场景。在电力大数据产品中，配变重过载、输电线路跳闸故障、配网电压管控、用电负荷监控、电网投资新建及改造、反窃电等具体问题是用户最关切的，就分别需要一个应用场景。其中，电力大数据反窃电应用场景，就是通过分析电流、电压、线损、波形等数据变化情况，构建历史数据、同行业数据、用电

档案信息等多种比对模型，提高对窃电客户的识别精度，绘制窃电现场画像，模拟还原窃电现场，分析客户的负荷曲线，发现客户用电高峰时段。

完成针对各个具体问题的应用场景设计，你会发现，相关的大数据产品也极大地丰富起来。九次方大数据设计研发了4 000多个政府数据应用场景，是国内唯一一家覆盖政府全方位数据应用场景的大数据公司。这就意味着，该公司已经有针对性地解决了政府用户超过4 000个具体问题。由于不同的政府部门涉及的具体问题集合并不相同，所以抽取数个应用场景即可形成有针对性的不同的大数据产品。这也表明，对4 000多个应用场景进行多样化组合，可以形成几何倍量级的海量大数据产品。"一生二，二生三，三生万物"，应用场景到大数据产品，从点点滴滴汇聚成波涛之势。

在这一思路下，应用场景到大数据产品呈现出"组件化""易拼插"的特点。

比如，在服务云南丽江市政府打造数字旅游产业的过程中，九次方大数据构建了旅游综合治理大数据产品，借助大数据之手打出一套"组合拳"，铁腕整肃旅游乱象，整治旅游市场秩序，巩固提升旅游形象，为旅游市场健康发展保驾护航。

这一大数据产品融合了全网全时监测、分析预测预警、联动处置决策、联动应急指挥、综合治理优化五大功能，打造技术、产品、服务和模式创新的旅游产业转型升级新机制。对于低价游产品、高危企业、黑导游、虚假合同等具体问题，设计应用场景，可进行实时监测与预警，形成预防在前、处置在后的高压预警态势。

针对外部舆情控制，该大数据产品实现了24小时自动采集网络媒体发布的网络新闻、BBS 论坛信息、微博等内容信息，筛选重要的热点新闻信息进行分析、追踪和监测。对于突发事件引起的网络舆情，还可以及时掌握舆情爆发点和事态发展，借助网评大数据和 OTA 评价分析，监测游客自费场所评估，增加市场监督力度，及时提醒旅游相关部门采取舆情应对措施，在萌芽阶段化解矛盾，实现真正意义的舆情控制。

这些功能都是通过应用场景来具体实现的，通过组合拼接，构成了适合丽江旅游市场的大数据竞品。

而作出"点滴应用，波涛之势"的判断，还在于传统产业转型升级对应用场景和大数据产品的巨大需求。

国务院发展研究中心课题组 2018 年 3 月发布报告，探讨了传统产业数字化转型的模式和路径。报告认为数字化转型"四步走"的路径在于：第一阶段（2018—2020 年）开展数字化转型试点；第二阶段（2021—2025 年）推进中小企业进行数字化转型；第三阶段（2026—2030 年）实施企业内到行业的集成；第四阶段（2031—2035 年）最终实现完整的生态系统的构建。可见未来 1～5 年，数字化将是产业转型升级的引擎工具。数字化必然离不开应用场景应用和大数据产品。

戴尔科技集团大中华区总裁黄陈宏表示："中国市场十分广阔，数字经济在政策、技术、产业、人力资源等方面都具备后发优势，整体发展前景优越。但是不平衡现象仍较突出，欠发达的西北、西南地区省份数字经济和发达省份尚存较大差距，不同行业和规模的企业数字化程度也参差不齐。"

"传统产业数字化转型的模式和路径"课题协调人、国务院发展研究中心产业经济研究部研究员王晓明认为，中国传统产业数字化转型遇到的 6 个问题就在于：缺乏统一架构的 PaaS 平台导致 IT 应用的敏捷开发和个性化开发不足；私有云和公有云的安全问题还有待解决；越来越多的数据和流量的负荷和处理面临压力；"数据孤岛"尚未打通；云化过程中数据迁移带宽问题；生态圈建设急需加强。基于此，传统产业数字化转型的主要措施包括：构建数字经济的战略体系；完善数字化基础设施建设；形成一整套制度保障体系；探索教育和人才培养机制；打造自主可控的数字化赋能平台；塑造促进产业数字化转型的创新体系；形成大中小企业协同发展的数字化产业格局；构建开放、协同、融合的数字化生态体系。

应用场景的组合拼接设计，问题导向型大数据产品构建，不仅让数据从孤立走向交互和碰撞，让其激发价值，更使传统产业能够以"数字生态"的理念进行整体转型，避免了"只牵动一发，不触及全身"，小改良难以带动大变革的产业升级难题。

全球知名调研机构 IDC 此前曾对 2 000 位跨国企业 CEO 做过一项调查，认为到 2018 年，全球 1 000 强企业中的 67%、中国 1 000 强企业中的 50% 都将把数字化转型作为企业的战略核心。IDC 表示：传统企业尤其是传统的中小企业，为了生存就必须数字化转型。

中国工商大学教授郭毅指出，中国要从制造大国迈向制造强国，加快促进大数据、互联网、人工智能等新技术同实体经济深度融合是必经之路。要加快对传统经济进行数字化改造，同时在中高端消费、绿色低碳、共享经济、现代供应链等一些新的经济增长点上赋予它们新的动能，在创造新的数字化经济中形成中国的竞争优势和中国的战略高度。数据显示，在 2020 年之前，预计中国将有 86% 的企业会把数字经济转型作为首要优先级企业目标。

　　九次方大数据认为，应该用大数据解决小问题，实现一点一滴的应用，才能逐渐形成波涛之势。通过充分挖掘数据价值，精准落地大数据应用，使政府数据价值最大化，使大数据应用持续发挥服务政府监管、服务经济转型升级、服务民生福祉的作用。

　　大数据在 2011 年已经被麦肯锡全球研究院认为是"创新、竞争和生产力的下一个前沿"。应用场景的极大扩容和价值变现，传导出的是大数据应用的充分繁荣，以及由此带来的生产关系、生产力的极大解放和重组。数据增值，点滴应用，波涛之势，不可阻挡，概括性地点明了应用场景价值变现的广阔未来。

第四章

数据财政的实现路径

发展数据财政，成为未来很长一段时期内各地方政府的必然选择。数据财政建设离不开各级政府的重视，也离不开各部门的配合和支持。

各地方政府通过出台大数据相关政策，进行顶层规划设计，盘点政府数据资产，打通数据壁垒，加强交流合作，建设数据财政架构，为实现数据财政奠定基础。地方政府以数据资产运营的方式，创建大数据产业生态，通过推动传统产业数字化转型升级，实现从土地财政到数据财政的根本性创新变革。

一、数据财政实现基础

（一）地方配套政策的推动与扶持

1.产业扶持政策

在国家政策的引领下，各地政府纷纷探索大数据发展道路，结合自身实际，积极寻求发展特色大数据产业。

我国各省、市、地区近年来如雨后春笋般相继出台相关政策规划，积极促进当地大数据产业发展。全国已有 30 多个省市专门出台与大数据相关的政策文件，10 余个地方政府专门设置了大数据管理部门，统筹推进大数据发展，为大数据发展营造了良好的氛围，呈现出京津冀、长三角、珠三角、中西部、东北部等全面开花的格局。

其中，贵州、浙江、广东等地以领跑者的姿态活跃在我国大数据市场：贵州省大数据产业蓬勃发展的同时高度重视数据安全及市场规范性问题，率先发布了我国首部大数据地方法规《贵州省大数据发展应用促进条例》；浙江省通过 7 项主要任务全面布局大数据产业发展；广东省积极打造全国数据应用先导区和大数据创业创新集聚区。各地区大数据应用推进势头良好，大数据融合进程加速，为做大做强数字经济，带动传统产业转型升级提供新动力。

从大数据产业相关政策的出台目标来看，北京、广东、浙江、上海等发达地区，试图通过发展大数据及其相关产业实现制造业的转型升级，不断提升其产业的竞争优势；鄂尔多斯、克拉玛依等资源型城市，试图以大数据为突破口，通过其强大的资源开发能力为支持，推动其信息技术产业发展，从而实现产业转型和城市转型；贵州、重庆等西部地区，试图抓住大数据发展的重要战略机遇，以环境、劳动力以及政策红利来吸引信息产业集聚，从而实现经济社会的跨越式发展。

从大数据产业相关政策的内容来看，已经从全面、总体的指导规划逐渐向各大行业、细分领域延伸，进一步加快了物联网、云计算、人工智能、5G 技术与大数据的融合发展。

总之，随着一系列大数据产业政策的出台，我国大数据产业发展有了指导和发展方向，同时规范产业的发展。在政策的支持下，大数据产业实现创新和应用也会更加积极，我国的产业结构调整和升级的开展也就有了更科学的依据。另外，大数据产业相关的标准制定、推广与国际合作等方面继续完善，会促进大数据产业的可持续发展，进一步拓宽大数据的应用领域，最终提升我国大数据产业在国际上的话语权。

2. 专项资金政策

产业的发展同样也离不开资金的支持。从各地出台的支持政策来看，我国各地在发展大数据产业方面不遗余力，从土地供应、税收减免、财政补偿等方面出台了一系列产业支持政策。设立企业主导、政府支持、专业运作的区域大数据产业发展基金，整合全省市各部门的信息化专项资金，设立各级促进大数据发展应用专项资金。

经过进一步分析各省市出台的优惠政策，发现大多数优惠政策侧重于对大数据企业的扶持。通过一系列创优政策，大力引进培育大数据企业。

北京、上海、广州、深圳都在文件中强调了加大财政资金对于前沿技术产业发展的支持。深圳设立了机器人、可穿戴设备和智能装备产业发展专项资金；广州对龙头企业、高校院所、投资机构等建立的各类 IAB（新一代信息技术、人工智能、生物医药产业）技术创新中心或新型研发机构，按国家级、省级、市级分别给予最高 1 亿元、2 000 万元和 800 万元资金支持，每年安排 10 亿元支持一批 IAB 创新重大专项。

河南省出台的《河南省促进大数据产业发展若干政策》、广东云浮市出台的《促进云计算大数据产业发展优惠办法（试行）》、贵安新区出台的《贵安新区关于鼓励入驻已建数据中心实施办法》、黑龙江哈尔滨市出台的《哈尔滨市促进大数据发展若干政策（试行）》等多部政策都明确指出当地会在服务器租用补贴、办公用房租金补贴、创新奖励等方面给予符合要求的大数据企业丰厚的奖励。

对于产业园区，安徽省铜陵市和福建省福州市等地的优惠力度也不容小觑，从完善园区建设、人才培养到财税优惠等各项措施，大力推动各地产业园区建设，对入驻市大数据产业园的企业，不仅给予财政支持、低价用电用地政策，还按其贡献给予一定的额外奖励。

对于产业项目扶持，广东省东莞市印发的《东莞市支持新一代人工智能产业发展的若干政策措施》，鼓励人工智能行业领军人才（团队）带项目入驻东莞，按其项目总投资额的30%给予支持，自助金额最高可达3 000万元。重庆市财政安排12亿元预算资金，对大数据智能产业、传统产业智能化改造、战略性新兴产业等工业和信息化项目予以重点扶持。江西省明确鼓励企业加大研发新技术、新工艺、新产品的投入，研发费用未形成无形资产计入当期损益的，在依照规定据实扣除的基础上，按研发费用的50%加计扣除；形成无形资产的，按无形资产成本的150%摊销。天津市网信办也不甘人后，明确规定对产业重点项目，给予最高500万元资金支持，对获批国家试点示范项目，最高给予500万元奖励。

3. 政府数据利用政策

政府是数据的利用者，因其有行政职能，实施能力更强，可以从大数据的挖掘中得到更好的成果，其成果更容易推广和应用，成效也更加明显。在政策红利及众多外部利好因素的推动下，我国不少地方政府已积累了一定的大数据管理经验，探索出具有地方特色的大数据发展应用管理机制。

贵州、辽宁、重庆、内蒙古等省市自治区相继出台政策举措，包括管理机制、运营模式以及建设内容等各方面，以促进当地大数据产业的发展。《重庆市大数据行动计划》涉及内容较为全面，包括建设大数据产业基地，结合政府和社会的力量构建大数据采集体系，鼓励社会资本加入开发公共服务大数据应用，重点在于结合前期云计算发展框架，完善大数据产业生态链的建设。

京津冀三地共同发布了《京津冀大数据综合试验区建设方案》，三地数据开放、产业对接框架基本形成，数据开放共享机制体制初步建立，环保、交通、旅游等民生重点领域试点示范率先启动。

广东省出台《广东省实施大数据战略工作方案》《广东省信息化促进条例》，并在 2014 年 2 月成立广东省大数据管理局作为专门职能部门，负责政府大数据公开和开发引导。从整体来看，广东省大数据战略侧重于在政府职能转变时期提升公共服务水平，促进政府和社会的良性互动。

上海市出台了《关于推进政府信息资源向社会开放利用工作的实施意见》《政务信息资源共享与交换规范》《上海市政务数据资源共享管理办法》等文件，为数据开放及利用工作提供制度保障。

副省级城市也有所动作。例如，青岛市政府颁发了《关于促进大数据发展的实施意见》，表示要充分发挥大数据在推进供给侧结构性改革、提升政府履职效能、构建信息惠民体系、推进智慧城市建设、促进经济转型升级和提质增效、培育新兴产业和新业态等方面的创新引领作用。

从各地发展大数据的战略文件来看，政府数据利用主要还在于数据应用的基础设施建设工作，如数据平台建设、制度完善、部门行业间的信息开放和共享等。数据应用主要涉及 3 个层面，即积极推动大数据应用示范，深化各个领域大数据应用创新，以及建设大数据基地。

4. 人才引进与培育政策

人才建设对大数据产业发展的重要性不言而喻，如何抓紧大数据人才队伍建设，培育出一批能支撑大数据产业发展的专业人才，是众多地方政府、大数据企业翘首以盼的事情。

北京、上海、广州、深圳四地都明确表示要引进高端人才，建立人才激励机制。广州、上海表明会对大数据人才入户提供"绿色通道"；深圳也表示对作出突出贡献的云计算人才，在落户政策等方面予以优先安排。

在一线城市中，广州的诚意最大，设立了 IAB 奖励专项，每年奖励 20 名杰出产业人才、500 名产业高端人才、1 000 名产业急需紧缺人才、50 名高端创新人才。对"两院"院士、国家"千人计划""万人计划"专家等来穗创新创业给予最高 500 万元的资金资助。

贵州在大数据人才资源储备方面并不具备先天优势，但实践证明，贵州已经建立了相当规模的大数据人才队伍，这得益于贵州的大数据人才培养政策。据统计，贵州自发展大数据以来，仅贵阳市制定实施的与大数据人才建设相关的政策文件不低于 30 个，全面覆盖"引才聚才""选才育才""用才留才"的人才队伍建设全过程。从政策上为大数据人才队伍建设提供保障，支持与鼓励高校、职校、园区、企业发挥育才、聚才的作用；健全科技创新服务体系，以吸引大数据领军人才、高层次人才创新创业；支持大数据企业引进专业人才和急需人才；鼓励政府、高校、企业联动订单式培养各类人才。

地处中部的河南省将目光转向国际大数据人才引进上。《河南省促进大数据产业发展若干政策》提出，凡符合条件的外国高端大数据人才，可办理外国高端人才确认函，签发有效期 5～10 年的多次入境人才签证，并向其配偶及未成年子女签发相应种类签证。

人才成为技术创新、产业协同、城市共融、制度创新的重要驱动力，数字经济的蓬勃发展也给劳动力市场带来了颠覆性的改变。

（二）顶层规划设计

为告别无法持续的土地财政时代，各地方政府从城市发展愿景和战略目标着手，详细梳理城市发展痛点及需求，以期发挥出大数据引擎的创造力，推动经济社会走向数字化、智能化，最终实现政府财政收入增长。

城市发展大数据产业还存在很多重点和难点，从政府部门来看，存在以下六个共性问题：

一是过于强调信息基础设施建设。从部分城市的建设现状来看，过于强调技术设施建设并不能使城市均衡发展，只有在城市的经济实力、文化素养、生态环境及其他方面取得协调进步的同时，才可以使数字城市得以快速而正常的发展。

二是资源整合力度和共享程度低。中国城市数字化建设是典型的政府主导推动型，由于城市数字化涉及各个方面，各个组织、机构和个人，需要各方力量的共同努力，如果仅靠政府推动主导，那么建设起来效率就相对比较低。另外，由于各政府职能部门、企业等在信息化过程中缺少相互间的交流和沟通，形成了各自为政的局面，产生了一个个"信息孤岛"，使它们建立的系统之间难以相联互通；并且由于"信息孤岛"的存在，往往会因为信息化的重复建设而造成资源浪费以及用户获取的信息冲突，从而使数据库的建设失去原有的意义。

三是缺乏统一的标准和规范。由于国家目前正在对与大数据相关的关键技术标准进行研究，还没有出台一套统一的标准体系，在建设过程中随意性较大，在部署具体系统解决方案时各自为政，没有一套完善的规范和标准，数据标准不一，接口混乱，为下一步的系统集成埋下了不少隐患，同时对资源共享和高效利用制造了更多的障碍。

四是建设内容和建设时序紊乱。在建设中过分强调功能的完备性，网络基础设施、空间信息资源、各项专业系统等内容的建设面面俱到，没有考虑到城市发展的特性和实际市场需求，使许多建设项目不能落到实处。在建设时序上不顾地方的基础条件限制，急于求成，希望一步到位，结果因为信息资源建设不能及时跟进而造成巨大浪费。

五是思想意识滞后。从发展阶段来讲，目前城市数字化建设还只是技术层面的尝试，而真正的发展大数据、进行数字化建设，则是要从深层次上打破城市旧的、传统的管理模式，转变人们的传统观念，将城市各项事物的模糊管理、弹性管理变为透明管理，通过网络加强市民对政府的监督，从而提高政府的工作效率，借助信息技术提高政府的公信力。

六是市场运作机制不足。目前，各地发展大数据产业过程中，市场运作机制明显不足，政府在城市数字化建设过程中所扮演的角色过多，政府需求完全替代了市场需求，从而可能导致数据财政建设处于被动局面。如果政府投资完成后，一直抱在手上，势必被巨大的后续投入拖累，导致没有利益驱动的共享将逐步停滞不前。所以，应该提倡信息有偿共享，可以采用"谁投资，谁受益"的模式。

从地方产业的定位和发展来看，目前各地方政府面临着转型困难、产业结构配置不合理等问题。由于缺少足够的数据和技术支撑，许多地方政府在确定产业发展路径的时候，缺少相应的理性科学的解决方案，不得不"拍脑袋"，对自身的资源特征和潜力理解不足，对竞争对手的发展态势无法判断，无法设计真正适合自己、有操作性的发展路线。

在意识到这些城市发展需求痛点之后，部分地方政府结合当地行政管理体制、行业信息化系统应用等现状，按照系统论的方法原理，利用云计算、大数据等新兴技术，进行城市大数据发展顶层设计。这些地方政府在进行顶层设计时充分考虑政府财政投入、项目绩效目标、未来运营难度等因素，科学选择建设运营模式，合理计划建设时序，确保当地大数据产业发展既要满足当前城市发展需求，又能兼顾未来发展可持续，实现从土地财政到数据财政的根本性创新变革。

从中央政府发布的《促进大数据发展行动纲要》，到工信部解读的大数据产业中长期规划，再到省市制定的大数据发展规划，这些顶层设计规划充分发挥了统筹推动和引领发展的重要作用。

综观我国北京、贵州、上海、广东、江苏、浙江、山东等各省市大数据发展规划，不难发现，这些顶层设计规划大致可以分为三类：

一是引领型发展规划。此类型规划以北京、广东、江苏为代表，凭借其强大的经济、科技与人力资源实力，在关键技术、先进产品、产业生态体系构建方面，制定了明确的发展目标。北京提出建设"全国大数据和云计算创新中心、应用中心和产业高地"，江苏提出"争创全国领先、特色明显的国家大数据综合试验区"，广东提出"打造全国数据应用先导区和大数据创业创新集聚区，抢占数据产业发展高地，建成具有国际竞争力的国家大数据综合试验区"。

二是落实型发展规划。此类型规划强化大数据工作落实力度，从国内外大数据发展背景、本地现状与基础、发展路径与策略、基础设施建设、行业应用、产业创新、产业生态打造等方面，提出了详细深入的发展规划。例如，南宁市政府对大数据产业的发展模式、商业模式以及相关重大工程给出了详细说明，全面体现实现"规划与计划相结合，继承与创新相结合"的工作思路。

三是追赶型发展规划。此类型规划以赶超发达地区产业为目标，鉴于自身产业基础条件的限制，重点采取跟随策略，根据《促进大数据发展行动纲要》中提出的要求，逐一进行落实。借助大数据产业发展浪潮，推动电子信息产业发展，为本地经济扩张新的增长点，提高本地经济活力，优化产业结构。贵州弯道超车，紧抓国家西部大开发战略实施机遇，坚持"应用驱动、创新引领，政府引导、企业主体，聚焦高端、确保安全"的原则制定发展规划，努力建成全国领先的大数据资源集聚地和大数据应用服务示范基地。

透过大数据规划，再结合目前地区发展状况可以看出，区域特色创新发展促进大数据产业快速聚集，已经形成中西部地区、环渤海地区、珠三角地区、长三角地区、东北地区五大产业区，配合国家大数据综合实验区的建设，这个产业布局会有进一步规划：中西部借助能源、环境、价格优势实现集群效应；珠三角探索大数据新路径，有先行引导的作用；东北老工业转型升级需要大数据发挥重要作用；环渤海地区特别是北京的人才和科技优势为环渤海地区京津冀的大数据建设形成很好的优势；长三角地区上海、浙江、江苏的优势是金融互联网。各个地方大数据产业现在已经初具规模形成轮廓。

宏观的产业规划在大数据产业方面的支撑作用十分广泛，可以服务地方产业发展的各个环节，比如产业发展现状评估、常态性的产业发展监测、政策实施效果追踪、地方产业发展的精准选择、高质量的精准招商等，这些都可以在不同场景、不同时间辅助产业发展相关的政策制定或提供直接的决策依据。通过科学理性的算法对大数据加以利用，能够提高地方产业发展成功的几率，从而给地方的行政效能、经济产出、财政投入效果等带来巨大的提升。

顶层设计的实现，需要在"应用"上做文章。应用场景是解决城市发展痛点、推动大数据落地的有效手段。一切城市大数据建设时一定以业务拉动为先，通过抓住能够驱动数据帮助某个具体业务的场景，通过核心应用场景的构建和赋能，打磨数据应用产品，以此来获得先导价值。有了价值产出与市场，合作伙伴们自然有了动力，而数据则水到渠成地被打通了。

在应用场景推动下，地方大数据在行业应用逐步深入。云南省丽江市利用大数据提升旅游综合治理，实现旅游综合治理及精准营销；福建省福州市通过大数据追踪征信，实现福州商业信用数字化；山东省济宁市通过大数据提升公共信用，实现信用数据的全库联动，让"老赖"无处遁形；河南省开封市利用大数据实现政府数据融合共享，有效避免城市多头投资、重复建设、资源浪费等问题；广东省佛山市利用大数据打造禅城"一门式"平台，实现百姓政务"少跑腿"；江苏省泰州市打造工业大数据平台，实现当地工业企业转型升级；山东省枣庄市打造大数据体验中心，全貌呈现大数据可视化……

总之，所谓大数据应用的顶层设计并不完全是一个技术命题，政策环境、法律制约等"土壤"环境更是不可或缺的因素。大数据需要大智慧，这才是顶层设计的关键。

（三）政府数据资产盘点

政府数据资产，是指由政务服务实施机构建设、管理、使用的各类业务应用系统，以及利用业务应用系统依法依规直接或间接采集、产生并管理的，具有经济、社会等方面价值，权属明晰、可量化、可控制、可交换的非涉密政务数据。

政府数据资产可循环，使用价值可持续，是地方政府追求创新力及新动能转换的源泉。面对不可持续的土地财政，地方政府着手盘点数据资产，激活并释放政府数据价值，以期实现数据财政。

政府数据资产盘点的最终目的是应用并释放其价值，推动经济发展，完善社会治理，提升政府服务和监管能力，实现政府数据治理。

政府数据资产梳理与普查是一项复杂的系统工程，做好政府数据资产摸底普查，能够加快推进政务信息资源整合共享和开放，提升政府信息资源配置和利用的价值与意义，促进部门间业务协同，提升治理能力和服务水平。

贵州省率先开展政府数据资产管理登记探索实践。2017 年 7 月颁布了《贵州省政府数据资产管理登记暂行办法》，将政府数据资产清单登记范围作了更清晰的描述：政府信息系统资产目录清单、硬件资产清单、软件资产清单，以及采集、使用、产生、管理的数据资产清单，特别建立了数据资产登记簿。贵州省从网络和硬件的清单、软件清单、数据资产清单、政务信息系统与数据资产清单信息补充整合四个维度编制政府数据资产登记簿；搭建了包括数据登记、动态管理、角色管理、统计分析四项功能的全量数据资产登记簿管理系统。

浙江省围绕《政务信息系统整合共享实施方案》提出对政府信息资源进行编目和普查，开展政务信息资源目录编制试点工作，摸清系统和资源底数，打造资源架构一张图，进行全口径的梳理，设计数据资产管理体系。浙江省数据普查系统由资产普查、普查管理、资源目录三部分组成，涵盖了信息系统名称、系统介绍、审核部门、审批时间、在建意见、资金来源等 30 个要素，所有内容一目了然。

贵州省、浙江省政府数据资产梳理实践为其他省市资产盘点提供经验借鉴，可着重从以下四个方面着手：

首先，建立数据资产"一张图"，确保数据"看得见"。依据数据资产登记建立登记清单标准，获得完整、统一填报质量的数据资产登记信息，梳理各级政府的数据资产，以可视化方式直观呈现资产目录、数据等信息资源状态。同时，在业务上指导各单位逐步完善本单位全量数据，摸清数据资源底数，为开展数据资源共享，利用决策分析提供坚实的数据资源基础。

其次，实施数据确权，实现政府数据清单化，保障数据来源"说得清"。建立数据资产体系架构，厘清系统和数据目录之间的逻辑关系、映射关系，厘清部门数据之间的关系，实现数据层次结构分明、关系清晰。实施数据资源清单化，掌握数据资源分布及使用需求，明确部门数据资源的现状和特点。厘清数据资源的来源，从而达到"业务清、资源清、部门清、共享需求清、应用清"的目标。

再次，做好数据资产分级分类，加强访问行为控制，保证政府数据"管得住"。政府数据资产梳理，最困难的是数据分级、分类问题，不同级别类型的资产采取不同的安全管理策略，以保证核心资产的有序使用。加强数据资产访问行为数据，形成数据资产访问行为基线，建立合规的数据资产数据访问模型，监测数据资产的各类安全事件，并挖掘潜在风险预测及评估。

最后，建立数据资产与信息化预算联动机制，保障规划"一盘棋"，确保前置审核"能审查"。依托数据资产，对信息化建设进行统筹规划、统筹建设、统筹管理，促进政务信息数据共享和业务优化协同，盘活现有资源，避免重复建设，减少资金投入，达到"统一规划，统一建设，统一购买服务，统筹资金保障"建设要求，推动政府治理体系和治理能力提升。

对地方政府而言，全面、真实、完整地摸清政府数据资产的总量、结构、分布和使用状况，创建和完善资产数据库，为进一步加强政府数据资产管理和分析奠定基础，有效减少重复建设、重复投入的情况。

地方政府及其各部门应树立对大数据的正确认知，打破"信息革命破坏了官方对信息的权威控制，也限制政府隐藏信息的能力"这种狭隘的以部门利益为基础的认知，树立全面的政府数据资产盘点认知理念。

地方政府应加速数据整合与开放步伐。数据增值的关键在于整合，整合的前提是数据开放。这就需要地方政府着力推进数据开放步伐，打破数据碎片、数据孤岛和数据壁垒，将散落在各个委、办、局的政府数据汇集整合起来，形成地方数据中心。

地方政府要合理控制数据收集成本，防止一些地方政府以大数据名义大规模增加政府预算，也防止地方政府以收集大数据的名义，给公众带来不必要的负担。

地方政府还要提高数据收集质量。大数据时代，整合不同系统的数据，重点在于数据定义的一致性和数据质量。从节约财政支出、提高数据利用效率、增加数据价值的角度，地方政府应该在数据收集质量方面严格把关，使收集到的数据是治理所必需的，而不是夹杂很多无用数据。

最重要的一点，地方政府要严格保护居民、企业和国家信息安全。这就需要地方政府在收集、处理、传送和使用信息的过程中，防止信息泄露，提高信息安全维护能力。

近年来，地方政府为落实中央推动"互联网＋政务服务"的要求，同时应对大数据的快速发展，纷纷组建政府数据治理机构，在数据治理的制度化方面作出了重要创新。尤其是随着2018年各省机构改革方案的制定，各地数据治理机构的组建也在加速中。根据公开材料，截至2018年10月，已有广东、贵州、浙江、内蒙古、福建等16个省级行政区域，79个副省级和地级城市组建了政府数据治理机构。

地方实践创新揭示了数据治理已经成为一项独立的政府职能。应鼓励地方政府在机构调整与改革中积极探索组建综合性的专业数据治理机构。由于数据治理涉及跨部门协调，因此应尽可能赋予其一定的综合协调能力。直属机构和部门管理机构的协调性相对较弱，应逐渐将相关机构调整为政府组成部门，并由政府主要负责人主管该项工作。上级政府应通过办公厅（室）积极推动下级政府数据治理机构的试点、示范，各地在先行先试中应积累并总结经验。

数据治理机构要发挥数据统筹职能，就必须将政府数据资源归集列为其基本职责。目前，数据治理机构较多关注于战略和产业，其出发点仍然是推动经济发展。尽管推动经济社会发展的确是宏观数据治理的组成部分，但是政府自身数据资源的治理才是数据治理的本来之义。要发挥政府已有数据资源的价值，政府数据资源的归集共享是必由之路，也是以社会公众的需求为导向，更加有效地推动实现"互联网＋政务服务"的核心基础。

为了有效整合数据职能，充分发挥数据对政府治理的积极作用，各级政府及部门可以尝试建立"首席数据官"（CDO）制度。首席数据官应负责各级政府或部门内部全部数据资源的规划、推动、协调等。尽管首席数据官不一定是技术专家，但应当掌握一定的技术知识，应具有数据思维和协调执行的能力，能够在整体上把握数据治理的关键，真正发挥政府数据的决策价值和服务功效。同时，要将培养既了解数据治理规则又熟悉政府治理的人才列入议程，为数据治理建立团队。

大数据在悄无声息地改变着社会治理结构、治理权威、治理模式，如何把现有数据应用到政府治理实践成为对地方政府的一大挑战。要实现"用数据说话，用数据决策，用数据管理，用数据创新"的治理模式，有赖于各级政府的数据统筹及应用能力，有赖于用"工匠精神"做好数据资源管理体系建设。数据标准化建设、资产清单化管理、决策智能化应用、资源社会化服务成为大数据时代政务服务的发展趋势。

（四）打通数据壁垒，聚焦核心技术

数据财政的实现基础，除了要有地方配套政策的推动和扶持、完善的顶层设计、政府数据资产的有效盘点，还需要聚焦核心技术，才能打通数据壁垒，达成数据的碰撞结合。技术上，打通数据壁垒需要在数据采集、数据存储、数据清洗、数据挖掘、数据可视化等方面使用核心技术。

Python

编程语言流行指数（PYPL）排行榜公布的 2019 年 2 月最新榜单显示，多年王者 Java 终于跌落神坛，Python 则登上了榜首。

Python 拥有简单、免费、兼容性、面向对象、库丰富等突出优点，主流深度学习框架如 TensorFlow、Theano、Keras 等都是基于 Python 而开发的。

知名网站 Stack Overflow 的数据显示，2018 年 6 月，Python 的月活用户超越了 Java、JavaScript，成为第一。IEEE Spectrum 也在 2018 年度顶级编程语言排行榜上将 Python 列为第一，领先 C++、C、Java、C#。

Python 的设计哲学是优雅、明确、简单。Python 开发者的哲学是"用一种方法，最好是只有一种方法来做一件事"。在设计 Python 语言时，如果面临多种选择，Python 开发者一般会拒绝花哨的语法，而选择明确的没有或者很少有歧义的语法。由于这种设计观念的差异，Python 源代码通常被认为比 Perl 具备更好的可读性，并且能够支撑大规模的软件开发。这些准则被称为 Python 格言。在 Python 解释器内运行 import this 可以获得完整的列表。

Python 开发人员尽量避开不成熟或者不重要的优化。一些针对非重要部位的加快运行速度的补丁通常不会被合并到 Python 内。

Python 是完全面向对象的语言。函数、模块、数字、字符串都是对象，并且完全支持继承、重载、派生、多继承，有益于增强源代码的复用性。Python 支持重载运算符和动态类型。相对于 Lisp 这种传统的函数式编程语言，Python 对函数式设计只提供了有限的支持。有两个标准库（functools 和 itertools）提供了 Haskell 和 Standard ML 中久经考验的函数式程序设计工具。

实际上一些大规模软件开发计划，如 Zope、Mnet、BitTorrent 及 Google 都广泛地使用 Python。Python 的支持者较喜欢称它为一种高级动态编程语言，原因是"脚本语言"泛指仅作简单程序设计任务的语言，如 shellscript、VBScript 等只能处理简单任务的编程语言，并不能与 Python 相提并论。

Scrapy

爬虫框架 Scrapy 是 Python 开发的一个快速、高层次的屏幕抓取和 web 抓取框架，用于抓取 web 站点并从页面中提取结构化的数据。Scrapy 用途广泛，可以用于数据挖掘、监测和自动化测试。Scrapy 吸引人的地方在于它是一个框架，任何人都可以根据需求方便地修改。它也提供了多种类型爬虫的基类，如 BaseSpider、sitemap 爬虫等。

Webmagic

Webmagic 是一个开源的 Java 垂直爬虫框架，目标是简化爬虫的开发流程，让开发者专注于逻辑功能的开发。Webmagic 采用完全模块化的设计，功能覆盖整个爬虫的生命周期，包括链接提取、页面下载、内容抽取、持久化，支持多线程抓取、分布式抓取，并支持自动重试、自定义 UA/cookie 等功能。Webmagic 包含页面抽取功能，开发者可以使用 css selector、xpath 和正则表达式进行链接和内容的提取，支持多个选择器链式调用。

Nutch

Nutch 是一个开源 Java 实现的搜索引擎。它提供了运行搜索引擎所需的全部工具，包括全文搜索和 web 爬虫。相对于那些商用的搜索引擎，Nutch 作为开放源代码，搜索引擎更加透明，从而更值得大家信赖。现在主要的搜索引擎都采用私有的排序算法，而不会解释为什么一个网页会排在一个特定的位置。除此之外，有的搜索引擎依照网站所付的费用，而不是根据它们本身的价值进行排序。与它们不同，Nutch 没有什么需要隐瞒，也没有动机去扭曲搜索的结果。

HDFS

HDFS（Hadoop Distributed File System）是 Hadoop 项目的核心子项目，是分布式计算中数据存储管理的基础，是基于流数据模式访问和处理超大文件的需求而开发的，可以运行于廉价的商用服务器上。它所具有的高容错、高可靠性、高可扩展性、高获得性、高吞吐率等特征为海量数据提供了不怕故障的存储，为超大数据集的应用处理带来了很多便利。

HDFS 具有以下优点：一是高容错性。它的数据自动保存多个副本，通过增加副本的形式提高容错性。某一个副本丢失以后，它可以自动恢复，这是由 HDFS 内部机制实现的。二是适合批处理。它是通过移动计算而不是移动数据，会把数据位置暴露给计算框架。三是适合大数据处理。处理数据达到 GB、TB 甚至 PB 级别的数据，能够处理百万规模以上的文件数量。四是流式文件访问。一次写入，多次读取；文件一旦写入不能修改，只能追加。它能保证数据的一致性。五是可构建在廉价机器上。它通过多副本机制，提高可靠性。它提供了容错和恢复机制，比如某一个副本丢失，可以通过其他副本来恢复。

Amazon S3

Amazon Simple Storage Service（S3）是一个公开的服务，web 应用程序开发人员可以使用它存储数字资产，包括图片、视频、音乐和文档。S3 提供一个 RESTful API 以编程方式实现与该服务的交互。S3 是一个全球存储区域网络（SAN），它表现为一个超大的硬盘，可以在其中存储和检索数字资产。

NoSQL

NoSQL 泛指非关系型的数据库。NoSQL 数据库的产生就是为了解决大规模数据集合多重数据种类带来的挑战，尤其是大数据应用难题。

虽然 NoSQL 早期的堆栈代码只能算是一种实验，然而现在的系统已经更加成熟、稳定。不过现在也面临着一个严酷的事实：技术越来越成熟——以至于原来很好的 NoSQL 数据存储不得不进行重写，也有少数人认为这就是所谓的 2.0 版本。该工具可以为大数据建立快速、可扩展的存储库。

NoSQL 数据库的四大分类包括：

一是键值（Key-value）存储数据库。这一类数据库主要会使用到一个哈希表，这个表中有一个特定的键和一个指针指向特定的数据。Key-value 模型对于 IT 系统来说的优势在于简单、易部署。

二是列存储数据库。这部分数据库通常是用来应对分布式存储的海量数据。键仍然存在，但它们的特点是指向了多个列。这些列是由列家族来安排的，如 Cassandra、HBase、Riak。

三是文档型数据库。文档型数据库的灵感来自 Lotus Notes 办公软件，而且它同第一种键值存储相类似。该类型的数据模型是版本化的文档，半结构化的文档以特定的格式存储，比如 JSON。

文档型数据库可以看作键值数据库的升级版，允许之间嵌套键值。而且文档型数据库比键值数据库的查询效率更高，如 CouchDB、MongoDb。国内也有文档型数据库 SequoiaDB，已经开源。

四是图形（Graph）数据库。图形结构的数据库同其他行列以及刚性结构的 SQL 数据库不同，它是使用灵活的图形模型，并且能够扩展到多个服务器上。NoSQL 数据库没有标准的查询语言（SQL），因此进行数据库查询需要制定数据模型。许多 NoSQL 数据库都有 REST 式的数据接口或者查询 API。如 Neo4J、InfoGrid、Infinite Graph。

总结 NoSQL 数据库在以下几种情况下比较适用：1. 数据模型比较简单；2. 需要灵活性更强的 IT 系统；3. 对数据库性能要求较高；4. 不需要高度的数据一致性；5. 对于给定 key，比较容易映射复杂值的环境。

Hive

Hive 是基于 Hadoop 的一个数据仓库工具，可以将结构化的数据文件映射为一张数据库表，并提供简单的 SQL 查询功能，可以将 SQL 语句转换为 MapReduce 任务进行运行。

Hive 是建立在 Hadoop 上的数据仓库基础构架。它提供了一系列的工具，可以用来进行数据提取转化加载（ETL），这是一种可以存储、查询和分析存储在 Hadoop 中的大规模数据的机制。Hive 定义了简单的类 SQL 查询语言，称为 HQL，它允许熟悉 SQL 的用户查询数据。同时，这个语言也允许熟悉 MapReduce 开发者的开发自定义的 mapper 和 reducer 来处理内建的 mapper 和 reducer 无法完成的复杂的分析工作。

Spark

Apache Spark 是专为大规模数据处理而设计的快速通用的

计算引擎。Spark 是 UC Berkeley AMP Lab（加州大学伯克利分校的 AMP 实验室）所开源的类 Hadoop MapReduce 的通用并行框架，Spark 拥有 Hadoop MapReduce 所具有的优点；但不同于 MapReduce 的是，Job 中间输出结果可以保存在内存中，从而不再需要读写 HDFS，因此 Spark 能更好地适用于数据挖掘与机器学习等需要迭代的 MapReduce 的算法。

Spark 是一种与 Hadoop 相似的开源集群计算环境，但是两者之间还存在一些不同之处，这些有用的不同之处使 Spark 在某些工作负载方面表现得更加优越；换句话说，Spark 启用了内存分布数据集，除了能够提供交互式查询外，它还可以优化迭代工作负载。Spark 是在 Scala 语言中实现的，它将 Scala 用作其应用程序框架。与 Hadoop 不同，Spark 和 Scala 能够紧密集成，其中的 Scala 可以像操作本地集合对象一样轻松地操作分布式数据集。

（五）加强国际交流，深化区域合作

大数据时代，信息不再是孤岛，通过互联网、云计算和各种大数据平台，实现了各种信息和数据的互联互通，也让政、产、学、研、用多个方面都有了飞跃的发展。跨界融合不仅仅局限于数据，国家与国家之间、地区与地区之间更需要交流、合作，通过一次次思想的碰撞，迸发新观点，产生新理念。

"一带一路"倡议成为推动构建人类命运共同体的重要实践平台，搭建了丝路沿线国家与国内各省（区、市）数字经济交流合作的桥梁。作为"一带一路"倡议的重要组成部分，基于开放共享理念的"数字丝绸之路"，将有利于消除我国与沿线国家的"数字鸿沟"，加速沿线国家的信息化进程，共享数字经济的发展成果，成为我国对外开放的一张新名片。

　　从古代的大漠驼铃、宝船出海，到今天的中欧班列、远洋货轮、直达飞机，丝绸之路的概念已经发生了翻天覆地的变化。习近平总书记曾指出，要以"一带一路"倡议为契机，加强同沿线国家特别是发展中国家在网络基础设施建设、数字经济、网络安全等方面的合作，建设 21 世纪数字丝绸之路。

　　发展数字丝绸之路，不仅能促进与沿线国家和地区之间的文化交流与民心相通，更能将中国命运与沿线国家命运相连，让中国梦与世界梦相通，成为紧密联系的命运共同体。

　　发展数字丝绸之路，不仅促使各国之间的数字贸易飞速发展，更让民间商贸往来在世界地图上构成的连接线日益繁密，形成了进一步扩大文化、商品流通，实现共同繁荣的交流支点。

　　数字丝绸之路与人工智能、大数据、云计算等技术息息相关，这些技术的运用，有利于支撑沿线各国的数字化转型，满足在产业、金融、贸易、资源的融通需求，实现"一带一路"国家在数据信息服务、互联网业务和国际通信业务领域与我国的互联互通。

　　在此背景下，全国范围内掀起了大数据产业发展与合作的热潮，投身数字丝绸之路建设。

　　内蒙古自治区是首个进入国家大数据综合试验区范畴的少数民族自治区，也是目前全国唯一一个基础设施统筹发展类国家大数据综合试验区。而中俄蒙经济带是"一带一路"的四条线路之一，内蒙古作为此处的重要节点拥有不可替代的优势，先后出台了《内蒙古国家大数据综合试验区建设实施方案》《内蒙古自治区促进大数据发展应用的若干政策》《内蒙古自治区大数据产业发展规划》等支持政策。呼和浩特、包头、乌兰察布、鄂尔多斯、赤峰等各市积极响应整体战略布局，联合市场力量，成立数据资产运营公司，在政府大数据、金融大数据、征信体系建设、大数据研究院、大数据产业基地等相关领域开展全面合作。

新疆自古以来就是丝绸之路的要道和枢纽，当前正在加快建设丝绸之路经济带的核心区，建设能源资源的陆上大通道、商贸物流大通道以及信息大通道即数字丝绸之路。通过大数据发展支撑政策沟通、设施连通、贸易畅通、资金融通、民心相通。

陕西省西安市正依托国际陆港、空港优势，抢抓"第五航权"等政策机遇，大力推动陆上、空中和数字丝绸之路建设，中欧班列"长安号"开行数、高铁旅客到发数、机场旅客吞吐量持续攀高，门户枢纽作用更加凸显。面向"一带一路"，西安深化数据采集、归类、分析、交易、应用等全方位战略合作，建设"一带一路"数据港，推动数据互联互通，促进"一带一路"沿线国家和地区人流、物流、资金流、信息流、技术流高效流动，服务数字丝绸之路建设。

贵州省贵阳市国家高新区抢抓"一带一路"机遇，积极拓展国际科技合作渠道，创新合作方式，丰富合作内容，提高合作成效。与美、韩、印等国家和地区进行沟通交流，成功合作美国博科、中以高科技合作创新中心、印度 NIIT 大数据技术云教学实训基地等项目。在美国硅谷建立了贵创北美·高新站（贵阳高新硅谷）孵化器，在俄罗斯莫斯科建立了贵阳高新（莫斯科）创新中心；分别与白俄罗斯国立技术大学科技园、俄罗斯莫斯科政府科技园签订了《战略合作框架协议书》，打造引领贵阳高水平开放、高质量发展的强大引擎。

作为一个新兴的大数据发展活力城市，搭建国际交流平台、加强业界合作、营造浓厚的大数据发展氛围是山东省青岛市的重要任务。青岛成立了大数据发展推进机构，规划建设了大数据产业集聚区，推动了大批行业应用，培育了一批本土企业，先后引进清华大数据、亚马逊 AWS、华为大数据、九次方大数据等一批重大项目。随着这些项目的实施和推进，以及本土数据中心技术开发企业、行业应用的链条式发展，青岛逐步展现出一座大数据发展新兴城市的勃勃生机与活力。

随着中国（杭州）跨境电子商务综试区的启动和跨境电商贸易的兴起，数字丝绸之路已成为杭州推进"一带一路"建设的重要通道。杭州深化跨境电商综试区建设，加快推进全球电子商务平台（eWTP）杭州实验区建设，努力建设数字丝绸之路重要战略枢纽城市。大力引进外资，鼓励企业"走出去"，培育外贸新业态，加快服务贸易创新发展。杭州还将建设跨境创新加速器，力争引进具备重大产业化潜力的国际优质创新企业 20 家以上。

作为海上丝绸之路的必经之地，福建省石狮市与"一带一路"沿线国家和地区经贸联系紧密，与近 60 个国家有经贸往来，与"一带一路"沿线国家地区贸易值大幅增长。基于石狮市的地域特点，石狮市政府着手打造海上丝绸之路数据港。汇集海上丝绸之路沿线国家、城市的相关数据，例如政策、经济指数、投资指数等。在数据的支持下，促进海上丝绸之路沿线国家的经贸往来、文化交流。

在中国—东盟互联互通的枢纽节点广西，防城港市拥有沿边金融综合改革试验区、东兴国家重点开发开放试验区、中国东兴—越南芒街跨境经济合作区、东兴边境经济合作区 4 个国家级改革创新平台，是国家战略聚集区和先行先试特区。防城港市瞄准国际国内两个市场、两种资源，加快企业"引进来"和"走出去"，在产业发展、经济转型、对外商贸交流等方面着手改革与创新，构建更加现代化、开放化、智慧化的城市风貌，让大数据服务于防城港经济转型与城市创新建设之中。

各省市积极参与国际竞争合作，放大我国在部分领域的比较优势，提高实体经济的质量效益，加快迈向中高端，发展新动能。地方政府"一带一路"参与度指数呈逐年上升趋势，2018年为61.39，首次突破60。广东省连续3年蝉联榜首，山东位列第2，上升最快，四川、湖北首次进入前10名。各地亮点纷呈：河南、山东、上海等地政策支持力度显著增强；广东、辽宁、浙江设施配套最为完善；山东、天津、浙江经贸合作效果最好；西部地区在推进"一带一路"人文交流方面表现突出；海南"一带一路"建设国内外影响力最强。

数字丝路畅通度指数从数字化合作视角，对中国与"一带一路"国家的数字丝绸之路建设情况进行测评显示，中国与"一带一路"国家的数字丝路畅通度为45.55，总体呈现两个特点：一是数字丝路畅通度国别差异大，最高得分85.22，最低得分13.2；二是数字丝路在一些国家和地区潜力大，如以色列、立陶宛、拉脱维亚等国家信息化发展水平较高，但与中国数字丝路畅通度水平较低，是未来数字经济合作的重点潜力国家。

我国各省市在对外合作交流中越来越活跃，大数据产业越来越有"国际范儿"，合作版图不断扩大。地方经济从参与国际合作中受益后，又使地方政府参与国际与区域合作的能力增强，由此形成了良性循环，促进国际人才、技术、资本、数据、研发机构等创新资源加速聚集，实现区域绿色和可持续发展。

可交流、可合作、可落地的长效交流合作机制，让地方政府在国际舞台上崭露头角，架起数字丝路纽带，打造中外互联互通、合作共赢、创新发展的新格局，将沿线国家和地区的核心生产要素、优势资源连接起来，在全球化发展中迸发增长新动能，使数据财政成为托举新经济发展的主力，推动区域数字经济联合发展。

二、数据财政实现形式

数据财政的关键在于数据资产运营，而数据资产运营的关键在于数据价值的变现——使数据以及数据产生的信息成为公认的资产，通过分析挖掘资产的价值，将其变现为用户价值、群体价值、社会价值。海量数据相遇并产生碰撞，将促进社会治理、惠及民生。要实现从土地财政到数据财政的根本性创新变革，必须以数据资产运营手段唤醒政府数据。

（一）激活政府数据价值，大力发展大数据产业

目前我国大数据产业发展，进步长足，基础渐厚；喧嚣已逝，理性回归；成果丰硕，短板仍在；势头强劲，前景光明。

激活政府数据价值，是推进国家供给侧结构性改革的重要方式之一，在国家大数据战略中具有重要意义。政府数据如何使用，是个现实命题，关乎政府信息公开的力度，也关乎政府行政的效率，更关乎社会治理与民生。我国政府数据正迎来历史最佳政策环境，随着政府数据资源不断规范、采集的不断精准、信息量的不断开放，在数据资产运营模式下，政府数据不断在医疗、城市规划、交通、环保、经济金融等诸多领域涌现特色和深度应用，释放数据红利，最终实现政府财政收入增长。

1. 为政府数据融合共享保驾护航

"除了涉及国家安全、商业秘密、个人隐私外都应向社会开

放，而且通过政府信息平台共建共享，可以提高政府监管效率、服务效率。"李克强总理强调："建立统一的数据平台，是建设现代化国家的基础性工程，也有利于国家安全。"

中国 80% 的数据资源掌握在政府手中，推动这部分数据开放、共享、应用，就变得尤为重要。

中国工程院院士邬贺铨总结了我国政府大数据共享面临的三大挑战：第一，不愿意共享开放，政府部门各自为政、把数据开放当成自己的权利。第二，法律法规制度不够具体，不清楚哪些数据可以跨部门共享和向公众开放。第三，缺乏公共平台，共享渠道不畅。

对此，数据资产运营将分层分类对政府数据资源进行开发、激活，破解难题。首先，数据资产运营确立的理念是通过技术手段帮助各级政府实现政务互联互通，而不是所谓的"拿"数据，从而打消某些政府部门不愿意公开数据的疑虑，让大数据真正服务于社会治理现代化，惠及民众。

其次，数据资产运营秉承"红黄蓝三色论"原则，将政府数据划分为红、黄、蓝三层：红色数据关乎国家安全、商业机密、个人隐私，只能服务政府，是不可触及、不可开放的；黄色数据作为有价值的数据，经脱敏脱密之后，可服务于市场；蓝色部分的数据是可以免费向社会大众、各行业提供的数据类型。这一分类实现了将不同类型的政府数据按照合适的方式，应用到对应的业务中去，在保证数据安全的同时，实现政府数据资产价值的最大化。

最后，数据资产运营运用大数据创新技术，助力地方政府加速打破信息孤岛，打造可靠的政务信息共享交换平台。以"开封公共信息融合服务平台"为例，对开封全市范围内的公共信息进行统筹规划，对数据共享的类型、方式、内容、对象、条件等进行规范，打破了以前各部门纵向管理、缺少互联互通的现状，融合开封市多个部门多种服务，构建覆盖整个开封市的服务体系，不仅可以大大节省时间，提高服务效率，更为市民提供全方位、个性化、终身式的公共信息服务，实现有效管理。

2. 助力数据开放生态形成

随着公众对公共事务参与意识的逐步提高，公众对政府数据开放的呼声日益强烈。政府数据的公开事关每一位公民的切身利益，向社会公众开放的步子正在加快：2017 年年初成立的贵阳市政府数据开放平台，在国内率先实现"领域、行业、部门、主题、服务" 5 种数据分类，方便公众检索、定位、发现所需要的数据；黑龙江哈尔滨市政府加快数据开放，目前全市 54 个部门已开放 1 066 个数据集、5 172 837 条数据、4 022 个数据文件、2 292 个 API；北京市政府部门公共数据开放单位名单激增，预计到 2020 年将超过 90%，数据开放率超过 60%，凡是跟社会、市民、法人、社会管理相关的部门都要进行数据开放……

政府数据从被开放、被利用到产生创新应用是一个动态循环的过程，政府、数据利用者和社会公众共同构成了政府数据开放的生态体系。政府部门作为供给方，将数据开放出来；数据利用者作为需求端对数据进行利用，并以其开发的创新应用服务于社会公众；获益的数据利用者和社会公众又推动政府进一步开放数据。在这个过程中，政府部门是原材料的提供者，数据利用者是加工者，社会公众是最终受益方。政府部门与数据利用者之间形成了合作关系，共同服务于社会公众。

数据资产运营以应用为导向，积极推动各城市数据管网建设、城市间数据管网对接，合力驱动城市内外的数据要素有序流通，促进社会对政务数据资源再利用，以多种形式实现价值创造，从而获取更大的经济效益。

政府数据开放盘活数据资源，引导企业、行业协会、科研机构、社会组织等依法采集并开放数据，探索建立形成政府和社会合作开发利用大数据机制，鼓励企业、社会组织和个人利用数据资源开展商业模式创新，实现数据创造经济价值。

数据资产运营以价值实现为目标，促进政府数据要素良性循环，推动政务数据提供者和用户之间的反馈与沟通，实现系统内部的动态平衡和自我调整。

3. 大数据交易所让数据流通起来

《促进大数据发展行动纲要》明确提出，"要引导培育大数据交易市场，开展面向应用的数据交易市场试点，探索开展大数据衍生产品交易，鼓励产业链各环节的市场主体进行数据交换和交易，促进数据资源流通，建立健全数据资源交易机制和定价机制，规范交易行为等一系列健全市场发展机制的思路与举措"。随着大数据交易日臻完善，数据资产也将完成价值积累。

中国工程院院士沈昌祥认为，大数据的生产过程是一个产业链，人们采集的数据源纷繁复杂，还要打包传输、建临时性的数据站、梳理数据，更重要的是要把数据变成用户直接能用的商品，同时还要进行交易，所以交易所就显得尤为重要。同时，大数据处理平台要基于云安全的考虑，这样才能保证大数据的健康发展。

大数据交易打通了数据流通共享的渠道，加速推动数据成为全球最有价值的资产。价值在流通和交换中被市场定价，更有价值的商品趋向于成为被市场需要的"硬通货"。数据在流通的过程中衡量供需，实践一再证明其资产属性在不断提升。

数据体量庞大并不断增长，加上流通共享造成的价值叠加，使数据资产的价值与日俱增，大数据交易所贡献的力量不容小觑。在中国，大数据交易市场崭露出新兴市场的蓬勃生命力。数据显示，贵阳大数据交易所作为行业引领者，已呈现出可交易数据产品数量、参与交易会员企业数量、数据融合行业领域、可汇入数据资源数量等多个维度的向好发展。

数据"掘金"，开放流通是关键。大数据交易所冲破数据流通融合的阻碍，汇聚海量高价值数据，挖掘数据价值的最大化。有业内人士评价，数据实现交易，将打破行业信息壁垒，优化提高生产效率，深度推进产业创新。这正是贵阳大数据交易所最核心的价值和意义所在。

值得注意的是，数据资源流通，需要建设制度保障体系，完善环节，捍卫数据安全，构建行业生态，共筑数字文明，不侵犯公民隐私、不破坏市场秩序、不危害国家安全。

4. 数据应用百花齐放，全力推进数据资产运营

自 2018 年以来，地方政府数据资产运营成效突出，地方数据财政影响开始显现，数据应用场景得以深度落地融合。

政府数据资产运营，进一步刺激数据应用场景需求的产生，而数据应用场景边际的加速扩大，也将促进政府数据资产运营的纵深释放。围绕实施区域协调发展、新型城镇化等重大战略和主体功能区规划，数据技术将打通政、企、学、研单位之间的数据壁垒，实现合作开发和综合利用。

众多省市已经走在数据共享利用、数据资产运营的前列，在房屋普查、服务三农、社会治理、旅游业转型升级、信用体系建

设、打击犯罪、健康医疗保障、精准扶贫、政务服务提升、农产品溯源等领域打造大数据应用试验田，极大地带动大数据增值性、公益性开发和创新应用。

从依靠"羊煤土气"提升经济，到如今延长资源型产业链、做好资源转化增值的大文章；从"一煤独大"的产业格局，到构筑多元发展、多极支撑的现代产业体系……内蒙古这匹"骏马"，与时俱进，通过数据资产运营，促进数据资产变现，以大数据结合当地优势产业特色，提升内蒙古经济发展水平。

广东省汕头市以华侨大数据中心建设为依托，激活并释放当地政府的数据价值，充分发挥经济特区潜力，建设立足本地、辐射全国的"华侨华人数据特区"。打造专业性、大规模、大数据创新创业孵化平台，引导华侨华人参与"'一带一路'百国百城"和"数字（网上）丝绸之路"计划，推进数字经济国际产能合作。

这些鲜活的案例表明，大数据已成为各省市培育经济新动能、构筑竞争新优势、改善民生增进社会福祉、促进治理现代化、实现跨越式发展的重要抓手。从海量的数据中获得深刻洞察，用大数据锻造城市核心竞争力，焕发出诱人的吸引力、强大的辐射力、前沿的创新力、高效的整合力，为激活政府数据资产价值提供了研究样本，掀起政府大数据应用的发展高潮。

数据资产运营推动传统产业的融合创新，不仅对既有经济模式形成颠覆重塑，促进产业结构优化升级，也将催生一系列大数据新业态和新模式，推动社会步入数字经济时代。

（二）大数据推动传统产业数字化转型升级

在新常态下，人口红利、资源红利、全球化红利等传统经济动力逐步减弱，挖掘推动经济转型升级、持续发展的新动力成为关注焦点。对于政府而言，数据将是继土地资源之后的第二大资源，并且是颠覆性的、可以无限循环利用的资源。为此，地方政府着手布局大数据产业，意在向数据要红利，向数据要改造传统产业的新方法，向数据要未来。

大数据时代下的数据资产运营，已经成为推动数字经济发展、释放数据红利的重要通道，为地方经济社会发展注入新活力。大数据如何加速地方传统产业经济向数字化转型？

在农业领域，农产品单品种大数据是农业发展战略的"先锋队"和"排头兵"，也是农业大数据全局的关键棋。将农产品单品种品类根植于当地特色农业发展规划中，是带动区域及全产业链发展的高效路径。大数据应用场景是解决行业痛点、实现农产品单品种大数据应用落地，以及农业供给侧结构性改革新突破的有效手段，树立单品种突破的全产业链思路，获取精准数据，可以为政府、企业、公众、金融机构等多领域提供决策支撑与生产指导。

比如一枚小小的苹果，就可以做出大文章。中国是世界苹果产量第一的国家，苹果产量占世界苹果总产量的57%；是世界上最大的苹果消费国，需求量占世界总需求的50%以上；也是世界上最大的苹果出口国，常年保持贸易顺差。荣耀的背后，3—4月开花、4月底5月初结果、5—6月套袋、7—9月上肥、10月采摘——每一颗苹果成熟都经历一番春种秋实。在数月之间，果农需要随时掌握天时，防虫防病，观察供需，合理定价……既愁种也愁销。大数据的出现，就能够为苹果这一广泛分布在中国山东、辽宁、河北、陕西、山西、河南、甘肃等地的单品种经济作物，铺就一条全产业链发展之路，也是一条乡村振兴之路。通过苹果单品种大数据应用撬动苹果产业创新，推动实施乡村振兴，顺应大数据产业革命和传统产业转型升级的大趋势。

　　在大数据的帮助下，凭借在线数据挖掘和产业形势分析，可以预测预报苹果市场动向，提出优质苹果品种结构与区域布局的建议及对策，帮助相关部门优化苹果种植布局，促进其向优势产地集中；大数据平台可以建立苹果气象灾害预测预警及灾害评估模型，为农民提供及时精准的气象灾害预警服务，降低农民的种植风险，同时为产量预估、价格预测提供数据支持；大数据可以通过地方试点监测苹果产销数据，建立供需平衡和产销结构数据体系，为产业从业者提供决策支持，避免出现各大产区苹果扎堆上市、恶性竞争的现象；通过对消费数据的采集挖掘，可以为苹果销售者提供消费画像、精准营销及差异化定价的决策支持。通过对不同销区消费群体的分析，科学划分与准确把握不同消费群体对苹果品种、等级、大小、价位、口感、甜度等的不同需求特点与特征，做到供需之间的适销对路和市场营销的有的放矢，大数据助力组建苹果大数据产业联盟，通过整合全产业链生产和经营主体、政府监管部门、科研院所等资源，融合产业数据，最终为产业链主体提供服务，实现大数据成果开放共享机制；大数据还能够以苹果为切入点，形成可复制、可推广、可持续的单品种大数据应用模式，推进大数据在农业生产、经营、管理、服务等各环节、各领域的应用，在引导市场预期和指导农业生产中发挥重要作用。

　　在工业领域，大数据与工业彼此交融、相互促进，工业大数据较早进入人们的视线。工业大数据是互联网、大数据和工业产业结合的产物，是"中国制造 2025"、工业互联网、工业 4.0 等国家战略在企业的落脚点。工业大数据应用将带来工业企业创新和变革的新时代，为工业走出困局提供新的思路与技术。工业大数据平台运用大数据激活传统制造业，掀起工业变革风暴，进一步夯实制造业与互联网融合创新基础，提升发展新能级，助力"两化"融合迈上新台阶，将产生巨大社会效益。工业大数据平台向当地的工业企业开放大数据采集、大数据存储、大数据挖掘和应用能力，这将产生巨大的社会效益：加快转型发展抢占新一轮竞争制高点，最大限度地开发和释放数据资源的潜在价值，实现数据规模、质量、应用和服务水平同步提升；通过工业大数据的应用推广，加快智能制造的产业拉动效益，形成一批具有旺盛生命力和竞争力的新型工业企业，全面带动制造业的繁荣发展；通过与社会优势资源的深化合作，不断形成、保持和增强社会资本吸引力，最终将通过资本市场获取资源，发挥产业资本的杠杆作用和放大效应，实现社会投资回报和产业经济发展共赢的高效经济效益。

在旅游领域，会产生大量数据。通过大数据可以研发出具有应用分析、大数据整合、调配旅游服务资源等功能于一体的旅游大数据应用，量化分析游客消费动向、旅游资源状况、自然环境变化等数据，以内容清晰、表达力强、美观炫目的可视化信息图呈现出来，助力旅游城市进行综合治理，展示基本形象，实现精准营销和全域旅游目标，将大数据技术与旅游产业完美嫁接。在云南丽江等地，大数据作为发掘旅游数据潜在价值的重要手段，实现了对旅游业更为精准的预警、预测、决策、智能，激发旅游服务与机制的模式创新。旅游大数据可通过融合公安、住宿、交通、运营商、游客行为等多数据源，对旅游竞争态势、旅游企业活跃度、旅游供给饱和度等问题进行分析，构建区域旅游客流量分析、经济运行及投资分析、科学决策与准确预测业态发展与趋势，为旅游业发展提供数据化手段支撑。

医疗健康领域，也是大数据重点发力之地。随着"健康中国"

上升为国家战略，健康医疗大数据应用已经站到时代发展风口上。健康医疗大数据的发展与应用对提升医疗卫生的服务水平、促进医疗健康产业发展等方面有着十分重要的作用。党的十八大以来，习近平总书记把"推进健康中国建设"摆到重要地位和工作日程，提出"没有全民健康，就没有全面小康"的重要论断，提出必须把人民健康放在优先发展的战略地位。当前，行业内研发的医疗卫生综合应用大数据平台可以全面覆盖公共卫生、医疗服务、医疗保障、药品供应保障、计划生育及综合管理；全民医疗卫生风险预警大数据平台着力于公共卫生事件的及时预警与预测，让管理者及时知情，使其工作有的放矢，降低疾病风险；全球医药及医疗器械专利分析大数据平台重点进行医疗相关企业自身专利管理与深度分析，便于监管机构管控、指导药企管理运营自身专利；医疗误诊误判大数据平台帮助卫计委及各级医院提高医疗服务水平，通过大数据分析技术辅助医生诊疗，减少误诊误判；医疗精准扶贫大数据平台借助大数据技术精准识别贫困人群，辅助管理者进行扶贫分析与决策……

不仅在农业、工业、旅游、医疗健康领域，安监、金融、舆情、文化传媒、海关、公安、煤炭、经侦、征信等多领域也都可以看到大数据的身影，大数据已经发挥出传统产业转型升级重要引擎的突出作用。

（三）创建大数据产业生态，培育数据衍生产业

自 2016 年以来，针对大数据产业发展的政策紧密出台，涉及产业转型、政府治理、科技攻关、产业扶持和安全保障等多个方面，产业发展环境持续优化。

大数据可以说是史上第一次将各行各业的用户、方案提供商、

服务商、运营商，以及整个生态链上游厂商融入一个大的环境中，无论是企业级市场还是消费级市场，抑或是政府公共服务，都正或将要与大数据发生千丝万缕的联系。正因如此，大数据产业发展需要产业链上下游紧密合作，形成完整健康的大数据生态体系，共同推动大数据产业的发展和创新。

大数据行业所面对的就像是一场"集体开发"，是矢志于壮大大数据全产业链，聚合大数据公司、硬件生产商、软件制造商等"行业因子"之力，分析处理更多数量、类型的数据信息，使政府数据、行业数据、企业数据等多元数据变现价值，从而达成大数据产业链共赢格局。

一个完整的大数据生态圈，由数据源、硬件支撑层、技术层、应用层、交易层、衍生层构成。大数据生态圈良性运转最重要的根源，来自行业起点——数据源。如果没有数据源公司对政府、行业、企业、互联网、物联网、移动通信，以及第三方海量数据的挖掘处理，大数据硬件、软件生产和投入应用都无从谈起。

据 IDC 预测，全球数据总量预计在 2020 年将达到 44 ZB，随着数据资源爆炸式地增长，硬件商、软件商的生产热情也将被带动起来。其中，数据源服务商掌握海量数据，处在大数据产业链上游，它的资源体量能够指导市场上硬件、软件的生产能力。如硬件商将生产出采集、传输、存储等设备，软件商则通过设计研发数据采集、预处理、存储管理、分析挖掘、大数据可视化一系列软件，为数据源服务商服务。

数据源服务商通过对数据的挖掘处理，完成对整个生态圈发展基础的构建，从而驱动其他环节围绕着数据源做高效运转。未来大数据产业的其他环节，将不可避免地向数据源中心靠拢。

当数据源服务商掌握了行业内最有价值的数据资源，即可以在硬件、软件的支持下，针对不同领域的实际需求，设计出所对应的应用场景，服务于市场需求；凭借在市场行为中掌握的数据定价经验，以大数据租赁、基金、信托、期货、确权、托管等多种形式，实现大数据在更大范围内的流通。而再向外延伸，数据源服务商将产生更多诸如大数据培训、咨询、数据处理外包等增值服务，使大数据生态圈形成一个稳定高效的闭环。

数据源是产业的源头，是发展大数据必然的起点。掌握数据源并打通大数据应用落地过程中的每一个关键点，数据资产运营让海量数据有目的、有路径地进行碰撞匹配，充分激发数据价值，促进大数据产业生态良性、持续的发展，实现区域经济腾飞。

数据资产运营路径对区域经济的引擎效用，已经在许多省市得到验证，数据财政代替土地财政，成为地方政府追求创新增长的源泉：在佛山市禅城区，政务大数据的汇聚激活，打造出了国务院互联网政务一门式服务的国家级样板间；在湖北，安监大数据实现生产事故智能管控，并联合保险公司设计研发安责险；在云南省丽江市，芒果全产业链数据价值释放，实现好品种、好品质、好品牌的三品建设，推动贵妃芒果价格提升……

在中国，一个完整健全的大数据生态体系是大数据产业链多方共同奋斗的目标。随着产业政策环境一步步优化，未来大数据生态圈将越来越强调大数据与全产业链的结合，信息技术革新也将以前所未有的增速行进。

大数据产业将在 2020 年出现两极分化，数据源服务商占据核心战略位置，数据源服务商也因此应该更好担负起构架良好大数据生态的历史使命，推动大数据更深、更广地为社会服务。

依靠大数据全产业链生态，大数据产业在生存发展的同时，将驱动其他行业高效运转。随着大数据产业链条逐渐打通拓宽，成熟的大数据生态会推动大数据产业持续健康发展，持续释放数据红利，实现数据财政创新突破。

综观各地大数据产业创新特点，不难发现以下特点：

第一，工业仍是各地最为关注的大数据产业创新领域。55个省级和地市级政府部门中，有39个提到了工业大数据，占比达到71%。大数据应用于工业研发设计、生产制造、经营管理、市场营销、售后服务等产品全生命周期、产业链全流程各环节，成为推进智能制造的重要手段。

第二，农业农村是地方政府关注的另一个大数据应用热点领域。有33个省级政府部门或地市级政府部门提到了农村农业大数据，占总数的60%。重点应用集中在农产品质量安全追溯、农产品产销信息监测预警、农业自然灾害预测预报、动物疫病和植物病虫害监测预警等方面。

第三，大数据在服务业拥有广阔的应用空间。互联网金融、数据服务、数据材料、数据制药等新业态成为新热点，各地积极培育新技术、新产品、新业态和新模式。

第四，从目前各地发布的大数据产业政策文件来看，电力、教育、文化创意等领域的大数据产业创新受到的关注度不高，这些领域潜力巨大。

在全球数字化进入全面渗透、跨界融合、加速创新、引领发展新阶段的大背景下，中国数字经济得到长足发展。数据资产凭借衍生性、共享性、非消耗性三大价值异军突起，代替土地成为企业、城市、国家争相抢夺的珍贵资源，在经济发展中起重要作用。数据资产就像几十年来的土地资源一样，挖掘价值充分盘活，将带来中国未来可持续的新增长。

一、土地财政之后，数据财政将成政府新宠？

"政府手里两个最值钱的资产就是土地和数据。土地的价值基本上释放完，下一步释放政府手里的数据价值。"4月24日下午，贵阳大数据交易所执行总裁、九次方大数据创始人王叁寿在"中国大数据产业峰会暨中国电子商务创新发展峰会"（以下简称数博会）媒体吹风会上表示。

2016年数博会将在5月26日召开，由国家发改委、贵州省政府共同主办，属于"国家级"会议。王叁寿告诉《财经》记者，本次数博会上可能会发布一个大数据确权的法律草案。

数据确权，是大数据产业关注的核心议题。数据本身是一种资产，明晰数据所有权，推动数据整合，可有效激发数据产业的活力。全国人大常委、财经委员会副主任委员吴晓灵曾表示，"明晰产权是建立数据流通规则和秩序的前提条件"。

王叁寿认为，只有推出大数据登记确权服务，才能彻底激活国内大数据的万亿产值。大数据登记确权结算服务，是将数据作为实际资产的一种，如房产、股票等，通过数据交易平台，尝试登记数据所有权，然后对数据的使用权、运营权等进行公开竞价，以实现数据的登记确权及变现。

此前，贵阳大数据交易所成立了包括国内外法学专家、计算机专家和数据专家在内的工作小组，在制定有关数据确权的法律框架。

从该交易所成立一年来的运行情况来看，数据最大的卖方是各级政府，而且政府手中的数据量远远超过国内互联网巨头BAT。

以苏州为例，全部76个政府部门掌握的数据量，达到400PB（1PB约为4 000亿页文本）。而根据公开信息，截至2014年3月，阿里巴巴在数据平台事业部的服务器上，积攒的已处理数据刚超过100PB。

多年来，各级政府通过行政手段和公共管理过程，依法获取了海量数据。绝大多数中央部委、省级政府部门的核心业务都有数据库支撑。如公安部有一个覆盖13亿多人口的人口数据库，国家工商总局有企业法人数据库，金融、医疗、税务、质检、社保、教育等都有各自的信息库。

科大讯飞股份有限公司副总裁陈涛就告诉《财经》记者，政府所拥有的公共数据，是盘活大数据资源的坐标系，这些资源是一个社会的最根本信息，是核心数据。

政府手中的大数据可分为三层：第一层是免费公开、惠及民生的数据；第二层是有价值、有偿公开的数据；第三层是不能公开的数据。

2015年9月，国务院印发《促进大数据发展行动纲要》称，政府数据统一开放平台将在2018年年底前建成；到2020年年底前，率先在环境、信用、交通、医疗、卫生、气象等20余项民生保障服务相关领域，实现公共数据资源合理适度向社会开放。

同年 4 月挂牌运营的贵阳大数据交易所，将发掘政府有偿公开的数据价值作为重要业务。目前，贵阳大数据交易所已经与 70 多个省市政府建立了沟通渠道。"尤其是 2016 年春节后，开始接入了一些国家部委级的数据，例如全国的工商系统、全国的海关系统等。"王叁寿称。

一个值得强调的信息是，在 2016 年"两会"期间，贵州大数据综合实验特区纳入国家"十三五"100 个重大项目。"特区"的身份意味着，贵州可以针对大数据单独立法。

为避免泄露隐私和涉密问题，交易所并不交易底层数据，而是交易基于数据的分析结果。简单地说，就是把分析模型插在数据源的服务器上，根据应用场景跑数据，最终输出所需的结果，数据并未外流。

然而，如何避免政府数据被过度商业性开发利用也值得深思。"毕竟很多公共数据都是用纳税人的钱采集，政府不应该以此当作赚钱的工具。"一位法律界人士对《财经》记者分析。

政府应当采取不歧视政策，鼓励全社会以工本费的价格使用数据。所谓工本费，即不超过数据复制和传递过程中产生的费用。对此，王叁寿认为，贵阳大数据交易所发挥的是聚合价值，把不同来源、不同维度的数据关联在一起，交叉挖掘分析，是增值式交易。

（资料来源：搜狐网，2016 年 4 月 26 日）

二、政府数据资产可望释放出亿万产值

"目前可利用、可开发、有价值的数据 80% 左右都在政府手

上，这些沉睡的数据一旦被激活，或将释放出亿万产值。"近日，在接受记者采访时，九次方大数据创始人、贵阳大数据交易所执行总裁王叁寿如此表示。

九次方大数据创始人、贵阳大数据交易所执行总裁王叁寿

王叁寿称，作为重要资产，政府数据资源可循环，使用价值可持续，是地方政府追求创新力及新动能转换的源泉。与土地一样，数据资产有望成为国家发展的关键性基础战略资源。而"土地财政"将一去不复返，"数据财政"或将成为新时期地方政府推动经济发展的重要抓手。

1. 政府数据量远超互联网巨头

当前，以云计算、大数据、物联网、人工智能、虚拟现实等为代表的新经济茁壮成长，引领人类社会由工业经济时代进入数字经济时代。

在交通、医疗、旅游、金融、能源等领域，过去数年间大数据以爆炸式的发展速度迅速蔓延至各行各业，并催生了规模巨大的产业。数据显示，当 2017 年世界经济平均增长率徘徊在 3.2% 左右时，数字相关产业的增速却达到了世界经济增速的 2 ～ 3 倍。

在全球数字化进入全面渗透、跨界融合、加速创新、引领发展新阶段的大背景下，我国数字经济得到长足发展。我国数字经济迅速发展有其内在原因，"互联网＋"行动计划推动了数字技术与传统经济的创新融合。各地政府积极参与到数字中国建设中，一方面，推动政务数据开放共享，改善社会公共服务的模式和效能；另一方面，主导与大数据公司的合作，使多元化的大数据应用工具引入产业生产中。

受数据资源分布特点影响，我国已经形成政府大数据、互联网大数据、行业大数据三分天下的格局，其中政府数据资源又占"大头"。权威数据显示，目前我国信息数据资源80%以上掌握在各级政府部门手里。

王叁寿认为，无论是从数据资源分布特点，还是从数据资源质量来讲，政府数据是现阶段数量最庞大、价值密度最高、涉足广度最宽的数据资源，其价值远远超过其他任何一个行业垂直领域的数据价值。

相关资料显示，每创收100万美元，银行业平均产生820GB的数据，数据强度高居各行业之首。而在相同创收条件下，电信、保险和能源行业数据强度分别为490GB、150GB和20GB。看似庞大的数据，与政府数据相比也不是一个量级。"激活北京市政府这二三十年来的数据资源，就相当于10个阿里巴巴。"王叁寿说。

就大数据的质量来看，无论是BAT（百度、阿里巴巴、腾讯），还是某一行业垂直领域，其数据种类的单一化程度较高。而政府大数据则涉及工商、税务、司法、交通、医疗、教育、通信、金融、地理、气象、房产、保险、农业等领域，数据的种类繁多，关联性强，统计规格较为统一，便于应用处理。

因此，激活政府数据价值，在国家大数据战略中具有重要意义。在王叁寿看来，政府数据就像是"地表水""地下水"，其价值亟待挖掘。激活政府数据价值要分五步走，即打井、铺数据管道、建"水库"、引"自来水"、生产"可乐"。通过数据脱敏、清洗、建模、分析等流程，将"地下水"变成"自来水"，这些"自来水"数据通过应用场景变现，变成价值更高的"可乐"。

2. 数据资产以三大价值赶超土地价值

巨大的市场空间和旺盛的应用需求，为我国大数据产业的创新发展提供了强大的驱动力。

王叁寿认为，政府手里的数据价值正在拓展释放空间。"数据资产"就像几十年来的"土地资源"一样，挖掘价值充分盘活，将带来中国未来可持续的新增长。

他说，从经济学角度来说，大数据并不是一个独立存在的行业，而是与传统行业相互叠加或者跨界重组，作为传统行业的催化器或者助推器存在。但是，与土地资源相比，数据资产具有衍生性、共享性、非消耗性三大价值，打破了自然资源有限供给对增长的制约，为持续增长和永续发展提供了基础与可能。

其一，衍生性。数据资产的衍生性，即开发数据资产潜在价值，更多是其在使用及交易过程中，立足于需求提供相对应的相关数据"新产品"。

对于企业来说，衍生品的开发是企业数据资产运营的重要一环，是实现企业数据资产创新利用的有效手段。衍生性的有效利用，可以帮助实现企业数据资产潜在价值开发，丰富企业数据资产整个生态链，推动企业实现数据驱动的目标。

其二，共享性。数据资产的共享性，即实现数据资产价值最大化，数据资产具有可以提供给他人而不会令其使用价值减少的特性。同一数据，可以同时支持多个个体使用，不同个体对同一数据的利用将产生不同的价值。这一特性，成为企业数据价值挖掘的核心着力点，利用好共享性，将能最大限度地挖掘数据资产价值。

2015年，国务院印发的《促进大数据发展行动纲要》中提到，在开放前提下加强安全和隐私保护，在数据开放的思路上增量先行。政府数据共享和开放，是政府数据信息公开最直接的政策性红利，满足了民众对多元化数据的需求，是大数据产业发展的一大突破点。

盘活可合理利用、开发的政府数据，打破"信息壁垒"和"数据烟囱"，能使各部门之间的数据进行碰撞产生聚合价值。推动"大数据+"深度融合，提升政府治理能力、公共服务水平，将为传统产业注入新动能，实现经济社会的转型升级。

其三，非消耗性。即数据资产无限循环利用、价值可持续。数据所能产生的价值会随着时间变化而变化，但其并不会因为任何人的正常使用而消失，反而会进一步丰富数据，使数据具有新含义或增值，是一种可重复利用的、符合可持续发展观的资源。

政府数据是重要的政府资产之一，是政府追求创新力、增长性的宝藏。对其进行融合分析、开发利用，可以实现预警、预测、智能分析和辅助决策，推动经济社会走向数字化、智能化。同时，政府数据之间的碰撞融合，将释放不可限量的价值，在社会治理、服务方式变革与传统产业转型、创新中发挥着颠覆性作用。

3."数据财政"成为政府增收重要渠道

权威数据显示，到2020年，我国大数据市场规模将超过8 000亿元，未来中国将成为全球数据中心，成为世界第一大数据资源大国。

　　王叁寿表示，数据的产生主要是基于人的活动和企业的运营，这两方面中国在世界上都是居首位的。当中国进入大数据时代，数据将是继土地资源之后的第二大资源，各地政府应该向数据要红利。

　　他说，在新常态下，人口红利、资源红利、全球化红利等传统经济动力逐步减弱，大数据成为传统产业转型升级刻不容缓的刚需。以土地为主导的经济增长模式，开始让位于大数据主导的经济增长模式，"土地财政"将转向"数据财政"，每个城市都应该将数字经济产值作为衡量一个城市新旧动能转换、产业升级、产业结构调整的最重要指标之一。

　　在当前新形势下，大数据是数字经济的核心内容和重要驱动力，数字经济是大数据价值的全方位体现，数据走向资源化、资产化、资本化是大势所趋。在这一过程中，建立高效的数据交换共享机制，实现数据的互联互通、信息共享、业务协同，将成为深度利用分散数据，打造协同发展格局的有效途径。

　　据王叁寿判断，不管未来人工智能走到哪一步，只要地方政府做应用场景，就绕不开政府数据。未来80%的大数据应用场景，都将严重依赖政府数据这一"生产资料"。未来每个城市都会有五张网，即自来水网、电网、燃气网、路网、数据管网，一个城市的数据就像城市的基础设施一样，它应该是无处不在、可持续利用的资源。

　　政府数据价值的释放，将带动社会进行增值开发和创新应用，助力我国传统行业创新转型——精准营销、智能推荐、金融征信等新业态、新模式蓬勃发展，涌现出了个性化定制、智慧医疗、智能交通等大数据应用示范，对推动经济发展、完善社会治理、提升政府服务和监管能力具有重要价值。同时，也催生了一大批大数据企业在中国崛起。

作为估值已过百亿的企业，多年来九次方大数据始终秉承着"激活政府数据价值，构建全球数据生态"的使命，目前已累计与67个省市政府平台公司合资成立地方大数据产业发展公司，助力各地方政府更好地激活沉睡的数据价值。以国内首个国家大数据综合试验区贵州为例。通过持续深入推动大数据战略行动，2017年贵州大数据相关产业产值增长了86.3%；同年贵州省GDP总量突破1.3万亿元，较2016年增长10.2%，增速高于全国水平3.3个百分点；贵州全省一般公共预算收入2017年增长达7.2%。未来5年，贵州谋求数字经济年均增长率在20%以上。

王叁寿称，九次方大数据将自身定位于中国数据资产运营商，以独有的数据资产运营方式，盘活政府及行业数据资产存量，协助各地政府实现传统产业的转型改造和优势产业的跨越式升级。"与一般大数据公司最大的不同，是九次方一直致力于帮助城市搭建大数据平台，并基于这个平台构建城市数据产业生态，形成产业聚集效应。而这个数字经济产业生态，恰恰是地方政府实现'数据财政'的关键。"王叁寿说。

当前，九次方大数据还制定了雄心勃勃的未来15年的数据星河XYZ轴发展战略。据王叁寿描述，"X轴"，是将依托与各省市政府合资成立政府数据应用及数据资产运营管理公司，激活省市区政府各个厅局办的数据"地下水资源"；"Y轴"，是利用资本平台及遍布全国的业务布局，孵化、投资、并购垂直领域的大数据应用公司，全覆盖政府数据服务产业链；"Z轴"，是推动数据链接三大应用场景（数据链接金融应用场景、数据链接行业应用场景、数据链接人工智能应用场景），让政府数据成为未来30年最为重要的生产资料。

诚如王叁寿所言，经过十余年的探索和积淀，如今九次方大数据正在张开双臂，迎接政府数据资产运营时代的到来。

（资料来源：《经济参考报》，2018 年 7 月 5 日）

三、王叁寿：大数据是提高城市财政收入的有力工具

当前，城市在大数据领域所做的各项努力，将在不远的未来转化为创新发展的竞争力。城市管理者发展以大数据为关键特征的数字经济以获得"数字经济产值"。九次方大数据创始人王叁寿认为，大数据是提高城市财政收入的有力工具。

大数据推动城市财政收入增长并非空想，在大数据先导城市贵阳已经变为现实。"中国数谷"贵阳，作为首个国家大数据综合试验区贵州的首府，将大数据作为 GDP 提速、财政增收的重要引擎和推手。最新数据显示，2017 年前 11 个月，贵阳市财政总收入完成 692.64 亿元，同比增长 8.2%。

贵阳的大数据发展经验，为全国各城市发展创新经济提供了示范。大数据让数据资源在城市经济转型、社会治理、公共服务、民生福祉等多领域展现出其他生产要素难以企及的重要作用。在土地红利、人口红利之外，城市经济社会发展在大数据这里找到了"开发数据"这一可持续、不枯竭资源禀赋的方法，城市财政收入正在随着数据资源的不断开垦，呈现出正相关式增长。

城市财政收入的增长依赖区域内各行业领域生产力价值释放的能力。大数据不仅是一次对传统产业颠覆性的技术革命，更是一场思维方式、行为模式与治理理念的全方位变革。

　　九次方大数据创始人王叁寿认为，一方面，大数据产业作为创新产业，大量吸引就业，"从无到有"地以全新的产业类型发展壮大；另一方面，数字经济格局下，作为一种新技术手段，大数据对城市传统产业升级改造作出响应，以全新的思维方式在传统产业内部发挥新技术的预警、预测、决策、智能职能，让生产过程、决策过程更加理性，更具前瞻性。大数据是一把"手术刀"，是推动城市经济社会旧模式升级的全新方法论，为破解城市落后产能困境提供了解决的新途径。

　　城市财政收入增长的新逻辑，来自激活数据、变现数据价值的过程之中，运用好大数据工具是实现这一目标的最佳途径。目前，众多城市已启动大数据产业创新发展能力培育，大数据技术产品研发，工业大数据创新应用深化，以及行业大数据应用发展，推动大数据产业主体培育，推进大数据标准体系建设，完善大数据产业支撑体系，提升大数据安全保障能力。

　　大数据，已然是提高城市财政收入的有力工具。

　　　　　　　　　　　　（资料来源：新华网，2018 年 1 月 9 日）

四、王叁寿："数据财政"将成为地方政府增收的重要抓手

　　当前，以云计算、大数据、物联网、人工智能、虚拟现实等为代表的新经济茁壮成长，引领人类社会由工业经济时代进入数字经济时代。中国政府正尝试抓住大数据发展先机，运用丰富的大数据资源，借助大数据实现经济社会各方面的改革创新。激活数据资产价值、发展数字经济已上升为全新的国家战略。

1. 各地政府开始向大数据要红利

"作为重要资产，政府数据资源可循环，使用价值可持续，是地方政府追求创新力及新动能转换的源泉。与土地一样，数据资产有望成为国家发展的关键性基础战略资源。"近日，在接受记者采访时，九次方大数据创始人、贵阳大数据交易所执行总裁王叁寿如此表示。

纵观我国改革开放 40 年历程，土地在支撑经济快速发展过程中起到了至关重要的作用。当中国进入大数据时代，各地政府已经开始向数据要红利，向数据要未来。以土地为主导的经济增长模式，开始让位于大数据主导的经济增长模式。王叁寿认为，"土地财政"将一去不复返，"数据财政"或将成为新时期地方政府推动经济发展的重要抓手。

以国内首个国家大数据综合试验区贵州为例。通过持续深入推动大数据战略行动，2017 年贵州大数据相关产业产值增长了86.3%；同年贵州省 GDP 总量突破 1.3 万亿元，较 2016 年增长10.2%，增速高于全国水平 3.3 个百分点；贵州全省一般公共预算收入 2017 年增长达 7.2%。未来 5 年，贵州谋求数字经济年均增长率在 20% 以上。

2. 政府数据价值远超任何行业垂直领域数据价值

目前，国内的大数据产业正在形成六大阵营：以阿里巴巴为代表的电商数据阵营；以腾讯为代表的社交及生活数据阵营；以百度为代表的网络搜索数据阵营；以电信运营商为代表的广播电信数据阵营；以九次方大数据为代表的政府数据资源阵营；各垂直领域为代表的行业数据阵营。其中可利用、可开发、有价值的数据80%左右都在政府手上，政府数据量远超互联网巨头。王叁寿认为，无论是从数据资源分布特点，还是从数据资源质量来讲，政府数据是现阶段数量最庞大、价值密度最高、涉足广度最宽的数据资源，其价值远远超过其他任何一个行业垂直领域的数据价值。"激活北京市政府这二三十年来的数据资源，就相当于10个阿里巴巴。"王叁寿说。未来每个城市都会有五张网，即自来水网、电网、燃气网、路网、数据管网，一个城市的政府数据就像城市的基础设施一样，它应该是无处不在、可持续利用的资源。

那么，什么是政府数据？可开放的是哪些部分？"这其中有一个误解，很多人认为政府数据开放是要开放所有政府的数据。这个想法是错误的。"在王叁寿看来，"政务数据"和"政府的数据"有很大区别，前者主要是指政府办公形成的数据，而后者范围相对更广，涵盖了自然而然汇聚的各种数据。而通常意义上讲的"政府数据"开放，实际上是信用、交通、医疗、卫生、教育、科技、金融等重点领域的政务数据。

3. 数据资产运营实现"数据财政"

九次方大数据对于数据资产运营的具体路径，包括打井、铺数据管道、建"水库"、引"自来水"、生产"可乐"。"打井"，即初步激活政府数据价值；"铺管道"，即促进政府数据互联互通；"建水库"，即实现政府数据融合。王叁寿强调，在此过程中，无论管道还是水库，都是通过技术手段将政府部门的数据价值发掘出来，输送和传递出去，而不是用一个水桶将数据带走。这样，在保证数据本身不被泄露的同时，还将得到有价值的数据分析结果。之后，在经过脱敏、清洗、建模、分析等流程后，海量数据就由可开发的"地下水"变成商业上可用、公众可感知的"自来水"，这些"自来水"数据将会被应用于各个领域，通过下游企业的加工，从而生产出所需要的产品"可乐"，进一步发挥政府数据的附加价值。

王叁寿称，九次方大数据将自身定位于中国数据资产运营商，以独有的数据资产运营方式，盘活政府及行业数据资产存量。九次方大数据已先后与近70个地区包括省、市地方府建立合作，协助各地政府实现传统产业的转型改造和优势产业的跨越式升级，"与一般大数据公司最大的不同是，九次方大数据一直致力于帮助城市搭建大数据平台，并基于这个平台构建城市数据产业生态，形成产业聚集效应。而这个数字经济产业生态，恰恰是地方政府实现'数据财政'的关键。"王叁寿说。

（资料来源：经济日报——中国经济网，2018年7月27日）

五、拓展政府数据价值的释放空间

政府手里两个最值钱的资产就是土地和数据，城市土地价值的释放已经随着政策指导而接近尾声，而政府手里的数据价值正在拓展释放空间。

1. 以大数据为主导的新经济增长模式崛起

当前，以云计算、大数据、物联网、人工智能、虚拟现实等为代表的新经济茁壮成长，引领人类社会由工业经济时代进入数字经济时代。激活数据资产价值、发展数字经济已上升为全新的国家战略。

作为重要资产，政府数据资源可循环，使用价值可持续，是地方政府追求创新力及新动能转换的源泉。

纵观我国改革开放 40 年历程，土地在支撑经济快速发展过程中起到了至关重要的作用。然而，对土地资源的过分依赖，导致我国许多地方政府的财政不仅面临着收支恶化、捉襟见肘的窘况，还面临着收入不可持续、偿还风险集聚等问题。当中国进入大数据时代，各地政府已经开始向数据要红利，向数据要未来。以土地为主导的经济增长模式，开始让位于大数据主导的经济增长模式。"数据财政"或将成为新时期地方政府推动经济发展的重要抓手。而所谓"数据财政"，主要是指地方政府依靠激活、运营大数据的价值，促进大数据与各行业领域深度融合、实现经济快速增长来创造或提升财政收入。

2. 政府数据价值释放，助力传统行业创新转型

目前，国内的大数据产业正在形成六大阵营：以阿里巴巴及京东为代表的电商数据阵营；以腾讯为代表的社交及生活数据阵营；以百度为代表的网络搜索数据阵营；以电信运营商为代表的广播电信数据阵营；以九次方大数据为代表的政府数据资源阵营；各垂直领域为代表的行业数据阵营。其中，可利用、可开发、有价值的数据 80% 左右都在政府手上，政府数据量远超互联网巨头。无论是从数据资源分布特点，还是从数据资源质量来讲，政府数据是现阶段数量最庞大、价值密度最高、涉足广度最宽的数据资源，其价值远远超过其他任何一个行业垂直领域的数据价值。

那么，什么是政府数据？可开放的是哪些部分？这其中有一个误解，很多人认为政府数据开放是要开放所有政府的数据。这个想法是错误的。"政务数据"和"政府的数据"有很大区别，前者主要是指政府办公形成的数据，而后者范围相对更广，涵盖了自然而然汇聚的各种数据。通常意义上讲的"政府数据"开放，

实际上是信用、交通、医疗、卫生、教育、科技、金融等重点领域的政务数据。政府数据的种类繁多，关联性强，统计规格较为统一，便于应用处理。

政府数据价值的释放，将带动社会进行增值开发和创新应用，助力我国传统行业创新转型——精准营销、智能推荐、金融征信等新业态、新模式蓬勃发展，涌现出了个性化定制、智慧医疗、智能交通等大数据应用示范，对推动经济发展、完善社会治理、提升政府服务和监管能力具有重要价值；同时，也催生了一大批大数据企业在中国崛起。

3. 以数据资产运营唤醒"政府数据"

政府数据就像是"地表水""地下水"，其价值亟待挖掘。如何把政府大数据的价值发挥到极致？如何来实现数据财政？

数据可以产生价值，也可以作为资产来运营。数据资产运营，即合理配置和有效利用此类数据资产，从而提高数据资产带来的经济效益，保障和促进各项事业发展。其核心思路是把数据作为一种全新的资产形态，并且以资产管理的标准和要求，来加强相关制度和应用。

要实现从土地财政到数据财政的根本性创新变革，必须以数据资产运营手段唤醒政府数据。不仅可以帮助蕴藏在不同政府部门相对隔绝的数据，冲破壁垒和阻隔，碰撞出新的可能性，更可以承担起地方经济调结构、稳增长的重任。

唤醒政府数据，就是要把"地表水"和"地下水"汇聚、利用起来变成有价值的东西，实现数据资源化、资产化、资本化。

从九次方大数据的实践看，做政府数据资产运营可分五步走：第一步，"打井"，实施数据挖掘，初步激活政府数据价值。第二步，"铺管道"，一些地方政府部门各自为政，跨行业、跨城市甚至跨省的数据融合很少，国家级数据平台更是缺乏。对于这些数据孤岛，就要铺设数据管道，让它能够流动起来，促进数据互联互通。第三步，"建水库"，把城市的数据聚合在一起，变成一个"数据水库"。但这只是解决数据资产运营的初级阶段，仅仅实现了数据资源化。第四步，引"自来水"，实现数据资产化，在经过脱敏、清洗、建模、分析等流程后，海量数据就由可开发的"地下水"变成商业上可用、公众可感知的"自来水"。第五步，生产"饮料"。通过下游企业的加工，把"自来水"变成各种价格更高的"饮料"，进一步发挥政府数据的衍生价值和附加价值，实现数据资本化。

一个完整的数据产业链，应包含数据源、硬件支持层、技术层、应用层、交易层、衍生层几个层面，多个层级形成闭环，又都无限向外延伸，形成了大数据产业的内聚和外延。仅靠单个企业很难实现，要致力于帮助城市搭建大数据平台，并基于这个平台构建城市数据产业生态，形成产业聚集效应，让更多企业一起参与，共同服务于地方政府。

（资料来源：新华社《半月谈》内部版，2018 年第 11 期）

六、从"地下水"到"可乐"，"九次方大数据"认为政府数据将成为财政增长主力

政府数据量占全社会信息资源的 80%。

2007 年到 2016 年，中国大陆各省土地增值税收入从 403 亿元人民币增长至 4 212 亿元人民币，土地成为推动地方财政收入增长的主要因素。现阶段，在国家宏观管控收紧、土地红利衰减的背

景下，地方财政要往哪个方向寻求增长？针对这一问题，政府数据运营商九次方大数据提出了"数据财政"概念。

依照其来源，数据可大致被划分为 6 个种类：政府数据、电商数据、社交生活数据、搜索数据、广播电信数据及各垂直行业内的数据。而在国内，随着电子政务的建设与发展，各级政府积累了大量与公众生产生活相关的数据，数据量占全社会信息资源的 80%。除数量庞大以外，政府数据还具有地域广、种类多、关联性强、统计规格统一等特点。

九次方大数据创始人王叁寿表示，长期以来，政府数据就像是蕴藏丰富但相互隔绝、深藏不露的"地下水"。但在政策与市场的推动下，"地下水"将被逐渐引出。在这一时间点上，九次方大数据布局了"打井"（数据挖掘）、"铺管道"（辖区内各部门数据联通）、"建水库"（成立城市数据交易中心）、"引自来水"（区分界定、脱敏脱密、建模算法，提取数据价值）、"生产可乐"（应用场景变现）的完整链条，将政府数据积累转化为产能。

由于服务对象定位为政府，九次方大数据的数据应用场景包括政府与经济两类。在政府治理上，数据能够在基础设施建设、交通网络、扶贫救助、基层治理、政府内部管理等领域提供决策参考，在医疗、教育、金融信用、民生服务等领域提高服务效率。在区域经济上，数据能够增强当地政府对地方产业的宏观调控，提高产品品质，树立特色品牌，在产业链内挖掘更多利润空间。另外，数据也能为地方招商引资提供指导与风险评估。

数据的落地场景如此丰富，单家企业不可能在各个垂直应用领域内面面俱到。因此，九次方大数据借助资本平台及全国范围内的广泛布局，孵化、投资、并购了 40 多家垂直领域内的大数据应用公司，并为这些公司提供数据源支持，以生态联盟的形式建立政府数据服务产业链。

在服务政府的具体实施策略上，九次方大数据选择与当地政府合资成立城市大数据应用及数据资产运营管理公司，由九次方大数据总部提供核心技术研发、路径设计与咨询服务，由地方政府控股的公司实现本地化实施落地。王叁寿表示，这样的设计对于当地政府的吸引点在于数据、结算、资金都将留在本地，避免了数据及税收外流，满足了地方数据独立及财政收入的需要。

截至目前，九次方大数据已与超过 80 个地方政府落地合作，其中省级与市级直辖市公司 17 个。公司及子公司员工数量总计超过 2 000 人。融资已跑至 D 轮，总计融资额超 20 亿元人民币，在政府服务这一对企业资历要求极高的行业内，已将先发优势转化为较高的壁垒。2017 年，公司营收近 5 亿元，利润近 2 亿元。2018 年上半年，营收与利润同比增长均超过 170%。

接下来，九次方大数据将发展规划重点分为 3 个维度：与更多地区政府合作，拓展地域分布；将更多垂直应用数据公司纳入联盟，增加应用场景；重点发展大数据与民生、金融及行业应用的链接，加深数据的影响力。

（资料来源：36 氪，2018 年 11 月 5 日）

七、王叁寿：激活政府数据价值，不次于 30 年前土地制度改革

历经土地制度改革，土地要素在中国过去 30 年经济高速增长中扮演着发动机作用。当中国进入大数据时代，以土地为主导的经济增长模式，开始让位于大数据主导的经济增长模式。

　　九次方大数据创始人王叁寿认为，鉴于中国 80% 以上的数据资源掌握在政府手中，激活政府数据价值就显得尤为重要。"政府数据"就像 30 年来的"土地要素"一样，挖掘价值充分盘活，将带来未来中国可持续的新增长。

　　数据价值终有一天会超过土地价值。通过数据资产运营方式，分层分类对政府数据资源进行开发、激活，开展政府大数据应用研发落地，将促进中国大数据产业和数字经济发展。

　　政府手中的数据一旦被激活，将释放出亿万产值，其价值不可估量。对于政府而言，数据将是继土地资源之后的又一基础性战略资源，并且是可以无限循环利用的资源。政府数据资源具有价值属性，其价值需要在数据的应用和流通中体现，成为真正意义上的政府数据资产。

　　王叁寿认为，以数据资产运营手段唤醒政府数据，不仅可以帮助蕴藏在不同政府部门相对隔绝的数据，冲破壁垒和阻隔，碰撞出新的可能性，更可以承担起地方经济调结构、稳增长的重任，深度参与供给侧结构性改革的历史进程，实现从数据资源汇聚到数据资产运营、数据价值变现的路径演变。

　　以数据资产运营激活政府数据价值，不仅对既有经济模式形成颠覆重塑，促进产业结构优化升级，也将催生一系列大数据新业态和新模式，其对区域经济的引擎效用已经在一些省市地方得到验证。

　　数据将是继土地资源之后的第二大资源，各地政府应该向数据要红利，向数据要未来。九次方大数据所探索的政府数据资产激活过程，是包含"打井""铺管道""建水库""引'自来水'""生产'可口可乐'"在内的完整链条，通过大数据平台建设及运营，提供给政府数据融合交换共享服务，最终实现政府数据资产价值的激活。

（资料来源：凤凰网，2018 年 5 月 21 日）

八、划重点！政府数据走向资源化、资产化、资本化

在 2018 年 5 月 27 日举办的数博会分论坛——2018 第四届中国（贵阳）大数据交易高峰论坛上，九次方大数据创始人王叁寿围绕政府数据资源化、资产化、资本化，发表了精彩演讲。

一个不争的事实是，当前，数据已经成为经济社会转型升级的重要资产，促进流通融合、激活数据价值将释放数字红利，推动建设数字经济。

政府数据资源化、资产化、资本化是必然趋势。当政府数据作为基础性战略资源、生产资料的价值被充分调动起来，将激活亿万产值。

1. 政府数据走向资源化

从对数据价值存有怀疑，到重视开发数据价值，以及从政策高度鼓励开发好政府数据，是一个渐进的过程。2014 年至 2018 年，"大数据"连续被写入政府工作报告，国务院高度重视数据的价值释放。通过推动大数据应用落地释放政府数据价值，助力中国经济从高速增长转向高质量发展。

李克强总理曾多次强调："目前我国信息数据资源 80% 以上掌握在各级政府部门手里，'深藏闺中'是极大浪费。"国务院印发的《促进大数据发展行动纲要》中明确，要"加快政府数据开放共享，推动资源整合"。

政府数据的资源化，代表着政府数据要素将像以往的人口要

素、土地要素一样，日益发挥出促进国民经济增长的重要支柱作用。而不同于以往，政府数据源源不竭、绿色环保，对其进行融合共享，开发利用，将赋予政府数据更多意义，得以实现预警、预测、智能分析和辅助决策，推动经济社会走向数字化，建设数字中国。于今而言，政府数据价值正在稳步超越土地价值。

2. 政府数据走向资产化

政府数据的开发利用，赋予数据以价值，使之从政府的故纸堆里跳脱出来，指导当下及未来。通过开发融合政府数据，各级政府获得了数据财政收入——政府数据越发具备了资产属性。

数据财政是指地方政府依靠激活、运营政府数据的价值，促进"大数据+"与各行业领域深度融合，实现经济快速增长，维持地方财政支出。数据财政主要依靠数据资产价值创造或提升财政收入，也就是说，通过数据资产价值来满足财政需求。

大数据代表的数字红利，释放出了比土地红利更为磅礴的力量，为各地政府带来了最为直接的利好——财政收入的大幅提升，这一切来自全社会、全行业对数据价值，尤其是政府数据价值的开采利用。

通过数据资产运营，政府数据碰撞融合，促成了数字经济的发展完善。当 2017 年世界经济的平均增长率徘徊在 3.2% 左右时，数字相关产业的增速达到了世界经济增速的 2～3 倍。政府数据可循环，使用价值可持续，是重要的政府资产，是地方政府追求创新力、增长性的宝藏。

3. 政府数据走向资本化

政府数据的开发利用是大势所趋，政企合作开发蔚然成风。

大批资本参与到政府数据的运营当中，使政府数据呈现出资本化特征。九次方大数据创始人王叁寿介绍，九次方大数据作为政府数据资产运营商，采取了与省、自治区、直辖市、地级市的国有控股平台合资的方式，并成立政府数据资产运营公司，开发大数据应用以服务各地数字经济发展。当前，九次方大数据已经在67个地区助力地方政府更好地激活沉睡的政府数据。

资本市场在政企合作开发政府数据的模式中找到投资价值。看好大数据产业发展以及政府数据开发利用的意义，30多家政府基金、产业基金在九次方大数据的3轮融资中，先后出资总额累计达到12亿元人民币。资本的加入，推动了政府大数据应用研发和推广。随着大数据发挥越来越重要的引擎作用，社会资本将受到鼓舞，通过投资大数据产业，促使政府数据得到价值变现。

（资料来源：《大数据周刊》，2018年6月15日）

九、数据财政：土地财政后时代的历史选择

"数据财政"这一概念相对于"土地财政"而产生。近20年来，政府通过盘活土地资源，实现了经济高速发展，城市现代化进程得以加快。虽然存在问题，但不能否认土地财政在这些年经济发展中的贡献。然而，随着时代的发展，当前土地财政明显已经难以为继，盘活政府数据资源，建设数据财政架构的时机悄然到来。

长期以来，土地被视为关乎国计民生的生产要素，是地方政府实现政府性收入增长的"定心丸"。然而，定心丸也有保质期，土地资源越发稀缺倒逼改革，政府手中沉积的数据适时承担起关键生产要素角色。

《促进大数据发展行动纲要》的出台，标志着大数据作为提升国家治理能力的新途径和促进国家治理变革的基础性力量，已纳入国家顶层设计的视域。中共中央十八届五中全会公报提出的"实施国家大数据战略"则进行了进一步的明确，习近平总书记也曾在不同场合多次强调，现代国家发展大数据的重要意义。

和土地不同，数据不会越用越少，反而数据本身会随着时间日益增加。因此，盘活数据资源，建立数据财政，是政府手中的下一张红利王牌。当前，全国数据资源 80% 以上掌握在政府手中，开发利用好政府数据资产是必经之路。

1. 不破不立，数据财政崛起进行时

房地产开发对土地的需求减弱是大势所趋，政府数据可循环，使用价值可持续，是地方政府追求创新增长的源泉。

以大数据为代表的数字经济成为新时期地方政府的重要抓手，由此将带来数据财政的增长。各地政府贯彻实施国家大数据战略，通过与九次方大数据等大数据企业合作，加速了大数据在全行业发挥预警、预测、智能分析、辅助决策的功能，企业实现营收增长，行业实现产能更新，地方政府的财政收入得到跨越式增长。

以国内首个国家大数据综合试验区贵州为例，通过深入推动大数据战略行动，2017 年大数据相关产业增加值增长了 86.3%；同年贵州省 GDP 总量突破 1.3 万亿元，较 2016 年增长 10.2%，增速高于全国水平 3.3 个百分点；贵州全省一般公共预算收入 2017 年增长达 7.2%。未来 5 年，贵州谋求数字经济年均增长率在 20% 以上。

"政府手里两个最值钱的资产就是土地和数据。土地的价值基

本上释放完，下一步释放政府手里的数据价值。"深研行业多年，九次方大数据创始人王叁寿认为，大数据是当前提升区域财政收入的最有力工具。

2. 工具落地，数据财政拉动新增长

地方财政收入增长的新逻辑，在于激活数据、变现数据价值，运用好大数据工具是实现这一目标的最佳途径。

人类的竞争正加快转向对网络空间的竞争，从阳光政府、智慧城市，到行业提升现代化，各地政府间的竞争与合作，考验的是各地政府数据资源开放程度与掌握程度。数据技术加工出大量的数据产品，提供丰富多样的数据服务，创新着生产和生活方式，数据财政影响力后来居上，也决定着国家的数据能力。

就我国而言，城市化进程正在加速跨越式发展，并包含了与过去发达国家城市化进程完全不同的内容，数字城市的建设成为城市发展的新形态。因此，建设各地政府的数据财政能力，战略意义之重大，代表着地方竞争力的全面提升。九次方大数据多年来定位于"中国政府大数据资产运营"，以独有的数据资产运营方式，盘活各地政府数据资产存量，协助各地政府实现传统产业的转型改造、优势产业的几何式升级，发挥出大数据引擎的创造力，告别无法持续的土地财政时代，最终实现政府财政收入增长。

当前，与九次方大数据合作的60余个地区包括省、自治区、直辖市、地级市的政府，已启动大数据产业创新发展能力培育、大数据技术产品研发、行业大数据创新应用深化，推动大数据产业主体成长，推进大数据标准体系建设，完善大数据产业支撑体系，提升大数据安全保障能力。

精准化运用数据采集能力、数据处理能力、数据传播能力、

数据利用能力、数据安全能力等等，将成为衡量地方政府领导力的重要指标，作为土地财政后时代的历史必然选择，数据财政则将见证这一变迁。

（资料来源：中国经济新闻网，2018 年 6 月 7 日）

十、数据财政破解地方政府财政收入困局

地方政府财政收入结构面临难以拆解的困境，告别对土地财政的依赖既是未雨绸缪，更是明智抉择，发展"数据财政"将成为未来很长一段时期内各地政府的大势所趋。

审计署的调查显示，2010 年到 2012 年，国有土地使用权出让收入为 29 398 亿元、33 477 亿元、28 886 亿元，占同年政府财政收入的比重分别为 35%、32%、25%；另据财政部统计，2016 年 1—7 月全国国有土地使用权出让收入累计约 1.73 万亿元，同比增长 12.1%；中国金融四十人论坛课题报告《土地制度改革与新型城镇化》中指出，现在大量的城市有一半到 2/3 的城市建设资金都是来自土地出让收入，地方政府对土地财政的依赖可见一斑。

在地方政府以 GDP 作为政绩考核标准下你追我赶的过程中，土地财政已经不啻一剂"经济鸦片"。然而当前，我国各地方政府的财政，不仅面临着收支恶化、捉襟见肘的问题，还面临着收入不可持续、偿还风险集聚等问题。土地财政诱发大量社会问题，且不可持续。

具体而言，由于地方政府财政过于依赖土地出让收入，而现行土地征收制度又存在诸多缺陷，致使在农村土地征收和房屋拆迁过程中出现了大量的违法强拆、农民失地等社会问题，更有大批血案激化社会矛盾。

自 2010 年起，各地方政府土地出让金净收入正逐步下降，2012 年政府土地相关净收入在财政总收入中占比 21%，比之 2010 年 31.7% 的峰值已明显下降，土地财政已开始呈现难以持续的势头。特别是当下国家对房地产市场的调控力度有增无减，尽管居民购房需求依旧旺盛，但伴随着保障性住房的大规模建成和适婚购房人群的峰值回落，以及房产税开征预期增强，本已是空置率超高的房地产市场，还能支撑多久，着实难以预测。一旦泡沫破裂，土地财政失灵，地方债务风险必将集中爆发，金融系统和社会秩序也将不可避免地受到冲击。

是时候寻找新的金钥匙了。"政府手里两个最值钱的资产就是土地和数据。土地的价值基本上释放完，下一步释放政府手里的数据价值。"深研行业多年，九次方大数据创始人王叁寿认为，大数据是当前提升地方政府财政收入的最有力工具。

在国内，城市化进程正在加速跨越式发展，并包含了与过去发达国家城市化进程完全不同的内容，数字城市的建设成为城市发展的新形态，国家更是将建设数字中国提上日程。因此，建设各地政府的数据财政能力，战略意义之重大，代表着地方竞争力的全面提升。

多年来，九次方大数据定位于"中国政府大数据资产运营商"，以独有的数据资产运营方式，盘活各地政府数据资产存量，协助各地政府实现传统产业的转型改造、优势产业的几何式升级，发挥出大数据引擎的创造力，告别无法持续的土地财政时代，最终实现政府财政收入增长。

目前，与九次方大数据合作的 67 个地区政府，包括省、自治区、直辖市、地级市，已启动大数据产业创新发展能力培育、大数据技术产品研发、行业大数据创新应用深化，推动大数据产业主体成长，推进大数据标准体系建设，完善大数据产业支撑体系，提升大数据安全保障能力。

（资料来源：上海热线财经频道，2018 年 6 月 14 日）

十一、王叁寿：未来，地方政府财政收入的一半会来自于数字收入

当下，土地资源越发稀缺倒逼改革，土地经济托举区域 GDP 增速一去不复返，而政府手中沉积的数据将适时承担起关键生产要素角色。九次方大数据创始人王叁寿表示，未来，地方政府财政收入的一半会来自数字收入。

1. 向土地要经济是否依然走得通 ?NO!

长期以来，土地被视为关乎国计民生的生产要素，通过土地出让获得政府性收入，被视为土地财政。然而，土地资源有限，征地拆迁费等成本补偿性支出居高不下，"住房难"问题日益严重，增加民众消费负担，同时，催生房地产泡沫，影响着区域经济协调发展。

可以说，曾经作为地方政府实现政府性收入增长的"定心丸"，带给我们诸多益处的土地资源正在产生着副作用，这些副作用诱发了社会问题，吞没了土地资源促进经济可持续发展、提高民众生活幸福指数的能力。几乎可以预见，土地经济托举区域 GDP 增速的年代会一去不复返。

当中国进入大数据时代，以土地为主导的经济增长模式，逐步让位于大数据主导的经济增长模式。作为一种增长可持续、绿色"无污染"的新生产力，大数据产业将承担起地方经济调结构、

稳增长的重任，深度参与供给侧结构性改革的历史进程，改造传统国民经济部门的落后生产方式、资源配置方式，持续释放"大数据+"对区域经济的提振作用。

九次方大数据创始人王叁寿认为，"政府数据"就像30年来的"土地要素"一样，挖掘价值充分盘活，将实现从土地财政到数据财政的根本性创新变革，带来中国可持续的新增长。

2. 数字财政将成为托举新经济发展的主力

研究显示，传统产业数字化程度每提高10%，人均GDP将增长0.5%～0.62%。目前，中国数字经济总量已经达到27万亿元，大体占GDP的30%左右，占GDP增量的60%左右，数字经济正迈向从量变到质变的历史性拐点。

当下，大数据成为提升区域财政收入的有力工具。九次方大数据创始人王叁寿表示，未来，地方政府财政收入的一半会来自数字收入。

数据财政主要依靠地方政府依靠运营政府数据，促进"大数据+"与各行业领域深度融合、实现经济快速增长，维持地方财政支出。数据财政主要依靠数据资产价值创造，也就是说，通过数据资产价值来满足财政需求。

九次方大数据定位于中国政府大数据资产运营，以独有的数据资产运营方式，盘活政府及行业数据资产存量。先后与近70个地区包括省、自治区、直辖市、地级市政府建立合作，协助各地政府实现传统产业的转型改造和优势产业的跨越式升级。

与一般大数据公司最大的不同是，九次方大数据一直致力于帮助各地政府搭建城市数据管网，并在此基础上构建数据产业生态，形成产业聚集效应。而这个数字经济产业生态，恰恰是地方政府实现"数据财政"的关键。

（资料来源：中国青年网，2018 年 11 月 6 日）

十二、王叁寿：终究有一天，数据价值将超过土地价值

2016 数博会在 5 月 25 日盛大开幕。大数据领域各路精英人物现身会场。贵阳大数据交易所执行总裁、九次方大数据创始人王叁寿在接受记者采访时谈到，终究有一天，数据价值将超过土地价值。

随着移动互联网、云计算、物联网的飞速发展和创新应用，大数据成为当前中国乃至全球产业竞争的关键领域，深入渗透到经济社会各领域，成为战略性资源，政府、企业等纷纷强化大数据处理能力，我国也提出要扩大政府数据资源向社会开放，探索大数据应用服务。

1. 数据价值将超过土地价值

2016 数博会的召开，贵阳在后发赶超的路上取得的巨大成绩，更是让人切身感受了大数据产业的崛起。

作为新兴产业，随着其价值的不断释放，大数据将会是政府手中的新资产。尽管要实现万亿级的产值仍有很长的一段路要走，但大数据的价值肯定将会在某一个时间点超过土地的价值。因为土地在一定时间内不可重复利用，而大数据是一个无限循环的绿色资源，无处不在。未来，大数据将成为全球最有价值的资产和商品。

2. 土地财政过渡为数据财政

在大数据产业助力经济发展、实现转型升级的趋势下，传统

政府依靠土地的财政模式也逐渐发生转变，开始由"土地财政"过渡为"数据财政"经济模式，形成经济增长的新突破点。政府已经将焦点对准大数据的价值，发布一系列的大数据顶层设计部署，国家领导人也公开表态推动政府数据开放。李克强总理曾数次表示，想要利用好大数据的抓手作用，绝不仅仅是企业的事，要推动大数据与政府机构、传统产业的深度融合。

贵阳大数据交易所在大数据的洪流中，始终坚持帮助政府释放大数据资产价值，助力政府实现数据公开、流通与共享。参与了国家工信部《大数据产业"十三五"规划》，国家大数据交易标准及政府数据技术、安全、应用标准等国家大数据顶层设计，为各地政府制定差异化顶层设计提供思路与经验。

大数据作为未来经济发展的核心，其中蕴含着无限商机，在当今乃至以后的经济发展当中，掌握了数据以及处理数据的能力，就意味着找到了金矿。

（资料来源：中国网，2016 年 5 月 30 日）

十三、王叁寿：用好大数据，就能增加地方财政税收

在地方经济增速与发展的过程中，以大数据为新兴主导力量的数字经济建设是构建地方产业新优势的决定性力量，也是区域竞争力的关键所在，更是地方财政增收的有力保障。用好大数据，就能增加地方财政税收。

当前，数字经济已经成为全球经济发展的新引擎。一方面，数字经济带动地方传统产业转型升级，各行各业都在通过数字化去构建更敏捷的生产、经营、管理体系；另一方面，在数字化过程中，孕育了更多创新型、技术型产业和企业，推动产业经济向

数字经济发展。两方面相结合，不仅能实现行业盈利，同时也实现了地方政府财政增收。

近日，中共中央政治局就实施国家大数据战略进行第二次集体学习。习近平总书记在会议中指出，要构建以数据为关键要素的数字经济。建设现代化经济体系离不开大数据发展和应用。我们要坚持以供给侧结构性改革为主线，加快发展数字经济，推动实体经济和数字经济融合发展。

在数字经济建设中，大数据是不可或缺的关键要素。大数据与实体经济融合正是促进地方经济向数字经济转型发展的重要途径。九次方大数据创始人王叁寿认为，在地方产业发展中持续深入地推进大数据应用，不仅可以实现对既有经济模式的重塑，促进产业结构优化升级，也将催生一系列大数据新业态和新模式，推动社会步入数字经济时代，使企业、民众享受到数字红利带来的新增长。因此，政府还应积极利用好大数据，为提振区域经济、增进民生福祉找到更优的途径，并以此促进地方财政增收。

当前，中国经济面临着经济转型和中高速增长及迈向中高端水平的发展需求，需要以大数据来实现创新驱动发展。如何让大数据更好地落地，实现地方产业的转型升级，这就需要大数据在具体的地方优势产业中有落地应用的新思路与新路径。

目前，我国广东、福建、浙江、河南、上海等 16 个地区均依据当地发展现状制定相应的大数据相关政策，近 20 个地方政府陆续推进大数据应用平台建设。

以云南省丽江市为例。众所周知，丽江支柱性产业为旅游业。过去，丽江黑团、黑导、强制购物等旅游乱象屡屡被诟病，一度导致当地旅游业停滞不前。为整治行业乱象，提升服务水平，提振旅游产业发展速度，实现财政创收，丽江市政府利用大数据，积极构建创新旅游服务产业，与九次方大数据携手建设旅游大数据创新应用展示中心、建设全国旅游大数据中心、打造全国领先的大数据创客小镇、建设丽江市大数据研究院、积极探索全国旅游大数据标准模板等，用大数据提高丽江旅游标准化管理水平，提升丽江旅游品质和形象，推动丽江旅游产业转型升级。一系列动作，不仅扭转了当地旅游产业服务形象，带动了产业高速发展，同时也使丽江旅游向数字化迈进，实现了产业转型升级的同时，也使当地财政创收更上一层楼。

王叁寿表示，作为新时代的基础战略资源，各地方政府应充分重视并发挥大数据在数字经济中的价值作用，不断创新大数据在地方优势产业中的服务模式，使大数据成为助推地方经济的创新生产力。

（资料来源：数邦客，2018 年 1 月 3 日）